畅聊科技

写给大众的信息技术小史

[第2版]

[美] 维奈·特里维迪 著
王佩 译

后浪

HOW TO SPEAK TECH

The Non-Techie's Guide to Key Technology Concepts

vinay trivedi

北京联合出版公司
Beijing United Publishing Co., Ltd.

因为我们在下一个十年学习的知识

将不同于这个十年。

作者简介

维奈·特里维迪（Vinay Trivedi）目前致力于技术投资，其经验主要来自黑石私募股权投资（Blackstone Private Equity）、软银愿景基金（SoftBank Vision Fund）和罗慕路斯风投基金（Romulus Capital）。特里维迪参与创建了弗里兰集团（Freeland Group），在该集团初创期，他利用ESG（Environment、Social Responsibility、Corporate Governance，即环境、社会和公司治理）为导向的种子基金对其进行天使投资。此外，他曾担任Citymapper和Locu的产品经理，这两个初创企业获风险投资支持，分别位于伦敦和波士顿。

他目前供职于居住创业指导委员会（Steering Committee of Startup in Residence），这是一个从旧金山市长办公室市民创新中心分离出来的项目，主要负责将初创企业与政府机构联系起来，从而实现开发科技产品来解决民生问题的目标。他还与纽约市长办公室首席技术官一起开展NYCx Moonshot Challenge Initiative项目。

特里维迪曾就读于斯坦福大学商学院（工商管理学硕士）和哈佛大学（计算机科学学士），获多项优秀学生称号，是全美大学优等生荣誉协会成员，还是德特图书奖获得者。

此书贡献者简介

阿希·阿格拉沃尔（Ashi Agrawal）：斯坦福大学学生，专业方向为计算机科学，曾在哈佛大学学习隐私与网络安全。她曾就职于 AuntFlow 公司和维斯特里基金会，为社会企业家出谋划策。此外，她曾是 Kleiner Perkins Caufield & Byers 风险投资公司的一员，负责 Nuna Health 的医疗改革问题。

琪纳·班纳吉（Cheenar Banerjee）：毕业于斯坦福大学，获计算机科学专业学士和硕士学位。在斯坦福就读期间，她曾担任各类计算机科学课程的负责人和助教，还是“计算机界的女性”核心领导团队成员之一。此外，她还在脸书（Facebook）、谷歌（Google）和谷歌子公司 Verily Life Science 实习过。琪纳致力于提升科技世界的多样性和包容性。

沃伊塔·德尔莫塔（Vojta Drmota）：哈佛大学学生，专业方向为社会学和计算机科学，早在 2014 年就进入了区块链产业，负责创建应用程序、设计协议和组织教育研讨会。沃伊塔的主要兴趣是克服区块链应用在实际使用中的复杂性。

黎科伊（Khoi Le）：斯坦福大学学生，专业方向为沉浸式设计和工程应用，主要研究“为什么科技是扁平的?”这一问题。过去三年间，科伊兼顾学习与娱乐，在开展增强现实和虚拟现实研究、为企业开发软件的同时，通过各类娱乐活动放松身心。他热爱唱歌、跳舞和玩电子游戏。

杰·哈沙德拜·帕特尔（Jay Harshadbhai Patel）：毕业于斯坦福大学，获计算机科学专业学士和硕士学位，主攻方向为人工智能和人机交互。杰目前供职于 Synapse 科技公司，负责搭建用于机场和学校的威胁检测的计算机图像系统。在此之前，他供职于谷歌公司，负责知识图谱这一块，帮忙开发了人工智能驱动的编程助手 Kite。在斯坦福大学求学期间，杰还从事过众包系统和卫星图像深度学习研究。他的主要兴趣点为：使人工智能更易于理解，确保人工智能的使用合乎公平与道德的原则。

阿什莉·泰勒（Ashley Taylor）：毕业于斯坦福大学，获计算机科学专业学士学位。目前，她一边攻读管理科学与工程硕士学位，一边通过担任好几门计算机科学入门课程的主讲教师来探索自身的教学热情。

致　谢

对知识的投资只会让人受益无穷。

——本·富兰克林

本书能够付梓出版，离不开父辈对我的谆谆教诲，从他们那里我学到了很多东西，包括教育和社区对个人的价值。从小到大，他们的言传身教让我懂得，好奇心和知识是丰盈人生的关键，我们每个个体都是周围环境的产物，因此我们必须竭尽所能地去反哺他人。这些价值观一直激励着我，让我能够撰写并出版本书，也让我能够孜孜不倦地为本书背后的使命砥砺前行。本书的初衷是想让对科技知识知之甚少的人也能了解 STEM[1] 的相关知识，毕竟，在当今这样一个科技与互联网高度发达的时代，了解和认识科技是很有必要的，这同时也能够让人们的工作与生活变得高效。

1　STEM 是科学、技术、工程和数学这四类学科的英文首字母（Science, technology, engineering, and mathematics），用来泛指理工类基础学科。——编者注人工智能、自动化和软件工程让我们的下一代能够接受 STEM 教育，让为人类在科技领域谋求公平和多样化的组织机构受益，但是也让很多人失业下岗、流离失所。我们的目标就是用自己的行动做出一点改变，而本书将服务于这一目标。

此外，我想对为本书的付梓出版做出重要贡献的人们表示由衷的感谢，在共同使命的激励下，你们满怀热情地加入这个团队，孜孜不倦地分享专业知识。在此诚挚感谢阿希、琪纳、沃伊塔、科伊和杰，感谢你们为撰写相关章节付出的辛勤劳动，这是你们的专业知识、卓越技能与饱满热情的结晶，我从你们身上学到了很多东西，也看到了你们的天赋与才能的魅力。阿什莉，谢谢你带头负责本书第一版的编辑工作。阿希、琪纳和杰，谢谢你们为这本书的编辑工作提供的支持，特别是阿希，你在关键时刻提供的帮助让人既感动又难忘。同时，我谨代表整个团队对我们的读者致以诚挚的感谢，谢谢你们的宝贵建议，让我们能够不断完善此书。

最后，感恩我的家人、我的朋友、我的导师，谢谢你们一路以来给予的帮助，你们的热情支持与无条件的爱才是本书真正的参考文献。

前　言

2012年1月5日，时任纽约市市长的迈克尔·布隆伯格（Michael Bloomberg）发布推文："我的新年计划是2012年跟着Codecademy学习编程，快来加入吧！点击网站 http://codeyear.com/#codeyear。"Codecademy是一个在线编程学习网站，为数以百万计的用户提供编程课程，实现了知识的免费分享。世界上可做的事情那么多，为什么学习编程会成为布隆伯格新一年的头等大事呢？

显然，布隆伯格先生学习编程并不是为了找工作，但是他的态度确实能够反映，在一个深受互联网和技术变革影响的社会中，培育知识性公民和提升经济参与度需要哪些新技能。互联网和技术这两股力量无处不在，彻底改变了人们工作与生活的方式，包括做生意、与人交流、安排日常生活、订餐、筹划婚礼、缴税纳税等。技术不再只对科技公司十分重要，它甚至能够决定一个产业的生死存亡。而如今需要科技知识的，不只有技术人员，每个人都应该了解。正因如此，我认为计算机、互联网和编程应该同语文和数学一起纳入义务教育。

当然，人人都学会编写复杂代码并写出程序既不现实，也不符合逻辑。但是，对科技工作者或从事与科技相关的工作人员来说，他们中的每个人都应该了解互联网及其相关程序的工作原理，而且这种了解至少得是层次较高的那种。具备一定的科技知识能够让他们发掘自身的才能，进而实现人与机器的对话，而这很可能是他们之前感到陌生或害怕的领域。

因此，本书的初衷并不是教您如何编写代码，而是帮您梳理一些重要的概念和科技术语，它们涉及创建一个网站的必经步骤和移动应用程序的生命周期。此外，本书还简要介绍了能够反映最新科技趋势的一些术语，如区块链、人工智能、增强现实和虚拟现实。不管您是满怀抱负的互联网科技高管，还是高瞻远瞩的风险资本投资商，抑或是刚进入科技公司的新人，本书的内容都可能与您息息相关。如今，“谷歌”（Google）和“互粉”（friend）这两个词已经作为动词被收录进了词典，生活在这样一个世界里，即使我们并不打算创办自己的互联网公司，我们也应该读一读这本书。对很多人来说，互联网及其应用软件就像一个深不可测的黑匣子，但是应该没有人会觉得在脸书（Facebook）上查找好友是一件多么神奇的事情。你只需要了解一些关键概念，就能轻松解开谜团。

和所有专业领域一样，技术人员也有自己的科技术语表，里面的术语对非技术人员和这一领域的门外汉来说理解起来还是很费劲的。因此，技术人员与非技术人员之间的差距只会越来越大。在当今这样一个信息泛滥的时代，这种差距只会导致效率低下。但是，如果技术人员能够增强这方面的意识，深入浅出地解释自己行业中的术语，雇主能够鼓励公司里的非技术人员提高科学素养，我们就会看到很多可喜的变化：信息越发透明，社会日益多元，管理者更加优秀，办事流程更加高效，投资人也更加聪明，各种发现更是层出不穷。真是想想就激动啊！

本书可分为两部分，前十三章主要介绍互联网应用程序的工作原理，我认为大家都应该对其有所了解。从前端和后端到网络推广和网络安全，本书所涉话题众多，在当今这样一个科技社会中，我们很有可能遇到这些话题，而它们往往也适用于互联网应用程序。虽然科技发展迅速，但是应用程序的组件和搭建应用程序时遇到的问题通常相似。我们使用的互联网工具可能随着时间的变化而变化，但是本书并不会分析某一具体技术，只侧重讲解基本概念。

无论是技术人员还是非技术人员，都可能对一些应用程序及其潜在影响有疑问，对此本书后四章介绍了相关方面的重要科技概念。此外，该部分还简要介绍了一些我们需要了解的热门科技趋势。

本书的呈现方式以人人都能理解为准。通过讲故事、打比方、用非专业术语进行解释等方式让大家能够轻而易举地读懂此书。

虽然本书的素材主要来自学术论文、新闻报道、教材和访谈，但是行文用语更像您的一个技术宅朋友在为您娓娓道来这些概念。简洁性和完整性往往无法兼顾，因此本书尽量在摒弃次要信息的同时保持内容的完整。

本书以一个虚构的故事串联起每一章：您开发了一个名为 MyAppoly 的应用程序，它几乎适用于所有环境。如果您是一位企业家，这个程序让您有机会大赚十亿美元；如果您是一个非营利机构的管理人员，这个程序可以帮您从捐赠者那里筹到不少的钱；而如果您供职于一家世界五百强公司，这个程序可以让您紧跟潮流、站稳脚跟。可以说，只有您想不到的，没有 MyAppoly 做不到的。

读完本书，您离完成布隆伯格先生提出的新年计划也就不远了。众所周知，当今世界受技术的影响越来越大，每一项新的发现都意味着新的挑战，需要我们去学习新的事物，质疑我们目前认为正确的东西，突破现有的思维局限。您可能没有时间来学习编程，但是了解基本科技概念将让您受益终身。如果您能够将其应用于开发人员管理，那么您很可能成为一个优秀的领导者。您也可能成为一个头脑清醒的优质投资人，或者在刚刚发现的那家科技公司找到理想工作。至少，您可以不用咨询专家就读懂科技类新闻。是时候推动科技民主化，也是时候让每个人都了解一些科技概念了。

目　录

第一章

互联网

全球计算机网络将世界上的大多数人联结了起来，我们称其为互联网。互联网的前身是阿帕网（ARPANET：Advanced Research Projects Agency Network），由美国国防部资助创建，目的是将大学与研究实验室的计算机联系起来实现信息共享。阿帕网建立于1969年，后于1975年投入正式运行。阿帕网解决了计算机之间共享信息时存在的固有难题，也构成了互联网存在的基础。

阿帕网是如何做到这一点的呢？我们可以通过一个类比来说明。乡镇之间主要靠公路相互连接，城市之间则靠高速公路连通，州与州之间则有更宽的州际公路。对一个城市来说，要想融入全国道路交通网络，只需要修一条路将这个城市与高速公路连接起来。这条路能让该市的居民与其他城市的居民相连相通。同样地，阿帕网通过通信线路、卫星和无线电传输实现通信，然后利用广域网的中枢将所有的局域网（LAN）和广域网（WAN）连接起来。其中，广域网的中枢相当于主高速公路，局域网相当于市镇之间的公路，广域网则相当于州际公路系统。

从概念上来讲，互联网是一个由网络组成的网络，那么这些网络是如何实现相互连接的呢？要想创建一个简单的本地网络，你可以使用电线、电话系统或者光纤电缆将数台计算机连接起来，其中，光纤电缆用光代替电力。而要想将多个局域网连接起来使用，你可以使用一台能够充当“连接器”的计算机，也就是路由器来扩展子网的规模，然后将所有的本地子网连接到一条中央电缆上，这样所有的本地网络就连接在了一起，也就形成了互联网。

互联网本质上是一个计算机集群的实体连接，它作为通信线路网络，是如何平稳运行从而实现各项功能的呢？这个问题的答案，正是互联网的技术创新之所在。

分组交换、传输控制协议和网际协议

请务必牢记这一点，科研工作者开始研究网络的原因只有一个，那就是他们需要找到一种方式来实现信息的跨计算机共享。正如高速公路上有出口标志，还有限速等规则，互联网也需要相关规则来引导信息的流通。为了解决这个问题，美国高级研究计划署定义了信息是如何在两个工具的帮助下实现传输的，这两个工具即传输控制协议（TCP：Transmission Control Protocol）和网际协议（IP：Internet Protocol）。它们是互联网软件层的组成部分，在互联网硬件层之上运行，互联网硬件层即组成互联网的电缆和物理设备。

过去，两台电脑通过电缆相互连接，通信具有单向性和排他性。也就是说，计算机 A 给计算机 B 发送东西的时候，数据是顺着电线传输的。此时如果有任何其他通信行为加入进来，那么数据就会相撞，导致无人能够获取自己需要的数据。以当时的技术来看，要想创建一个允许数百万人同时进行互动的网络，需要投入大量的电缆。而减少电缆投入量的唯一方法，就是让来自多个渠道的数据能够通过同一条通信线发送至多个目的地。

这种方法就是分组交换（Packet Switching）。研究人员发现，我们可以将所有数据分成小的“数据包”，例如文本、音乐、图像文件。如此，单条电缆就能同时传输来自不同文件的数据。但是这样做也面临两大挑战：如何确保所有的数据包成功发送至目的地？接收者收到数据包之后如何将其重新组合起来？

退一步讲，每个网页都是由人写出来并存在计算机某个地方的文件。当您使用浏览器访问网页的时候，您实际上是在申请查看存在某个计算机里的文件。所以，您想看，这些文件就得发送给您，而 TCP 和 IP 就负责帮忙实现这一点。

TCP 将文件分成小的数据包，并给每个包都贴上一些标签。首先，TCP 会为每个数据包编号，以便可以按正确的顺序重新组合它们。然后，TCP 会给每个数据包分配一个“校验和”（checksum），用于评估收到的数据是否发生任何变动。最后，TCP 将初始地址和目的地地址附在对应的数据包上，确保它能够按照设定的路线发送出去。谷歌地图不能帮您进行这样的数据传输，但 IP 可以。网络上的所有设备都必须有一个独一无二的 IP 地址。

所以，这些数据包知道您的计算机的 IP 地址，IP 帮忙将这些数据包发送至目的地，整个过程和美国邮政署收发邮件的流程类似。数据包从初始地址出发，按照既定的路线，进入离它最近的下一个路由器，接受排序处理之后再被运送至下一个路由器。这个流程一直持续到它们到达目的地。如此一来，IP 软件就可以让一组相互连通的网络和路由器成为一个网络。

IP 的重要特点之一，就是网络冗余的存在能够确保它的稳定性。如果整个网络的某一部分出现了故障，另外一个路由器仍然能为数据包保驾护航。等数据包到您手上后，TCP 会在重新组合它们之前验证所有的数据包是否都已到位。

实际上，针对计算机间通信存在的问题，好几家计算机公司早已找到了解决方案，但是它们会收取费用，而且这些解决方案彼此并不兼容。哪怕您购买了 A 公司的解决方案，您还是无法和购买 B 公司解决方案的人相互连接，这样您的购买行为还有什么意义呢？阿帕网的特别之处就在于它提供的解决方案是免费的，而且所有人都可以公开访问 TCP 和 IP。1982 年美国的军事部门开始使用 TCP 和 IP，从那时起，阿帕网提供的公开免费的解决方案才合法化和制度化。但那个时候，只有安装了 TCP 和 IP 软件的计算机才能通过互联网收发信息。

因此，从 1982 年开始，研究人员可以共享全球信息，但是如何显示和查看数据依然是个大问题。1990 年欧洲核子研究组织的蒂姆·伯纳斯-李（Tim Berners-Lee）等人提出了相关协议，它们就是超文本标记语言（HTML：Hypertext Markup Language）和超文本传输协议（HTTP：Hypertext Transfer Protocol）的前身。这些协议共同促进网络信息的交换，让信息格式化，具有一定的视觉吸引力。1991 年之后，第一款提供图形界面的浏览器正式发布，浏览器是一种可以让您在网上浏览网页的软件。这种方式使在网上分享和获取信息的效率更高且颇具吸引力。

大约就在这个时候，个人电脑的成本下降，美国在线公司之类的联机服务提供商开始出现，让普通人更便宜地上网。这些因素的共同作用促使互联网迅速成长为我们今天使用的网络。

超文本传输协议和互联网的使用

数据的物理传输很容易理解，阿帕网制定的协议对其也进行了定义——但是，您应该通过什么方式请别人给您发送数据呢？您在访问自己的智慧结晶 MyAppoly 的时候，互联网的实际运作情况又是什么样的呢？

现在，你打开了网页浏览器，想要访问 MyAppoly 网站上的

■ **MyAppoly** 以防您跳过了本书前言，在此提醒您，本书以一个虚构的故事串联起每一章，而您就是这个故事的主角。假设您开发了一款叫作 MyAppoly 的网络应用程序。当然，这个名字只是您想要开发的程序的统称。我希望您能够大胆发挥自己的想象，将 MyAppoly 置于所有自己感兴趣的环境中。假如您是一名超级厉害的应用程序的创业者或天使投资人，MyAppoly 能让您从中获利十亿美元；假如您是一名非营利机构的管理人员，MyAppoly 能帮您募捐和联系志愿者；假如您供职于一家世界五百强公司，MyAppoly 可以让您的公司保持竞争力，始终符合消费者的期待。

一张图片。此时您的计算机就是想要获取信息的客户端。而您访问的网页实际上是用 HTML 写成的文件，这个文件存在某个计算机那里，此时我们称这台计算机为“服务器”。您的应用程序里的所有文件（包括图片和视频）统称为“资源”，都储存在服务器中。因为是客户端（即用户）在访问服务器，所以互联网要遵循“客户端—服务器”架构。

您在浏览器中输入统一资源定位地址符（URL：Uniform Resource locator，即网址）：www.MyAppoly.com。从技术层面来讲，您可以直接输入 MyAppoly 网站服务器的 IP 地址，但是有谁能够记住所有网站的 IP 地址呢？所以我们需要域名系统（DNS：Domain Name System），它将 MyAppoly.com 这样方便人类记忆的域名转化为计算机可识别的 IP 地址。

您进入 MyAppoly.com，点击相关链接就可以查看网站里的图片。请务必记住，您看到的图片也都存在服务器里。假设它们都位于“图片”文件夹，那么如果您单击第一张图片，马上就会跳转至 http://www.myappoly.com/Pictures/pic1.jpg。这个网址的各个组成部分能够反映如下信息：我们正在使用 HTTP 协议，由域名可知相应的服务器，文件在服务器中的存储位置（用科技术语来说，即文件的层级位置）。换言之，URL 就是某一资源的文本地址。

那么，您究竟是如何获取这些网页的呢？首先，客户端（即浏览器）通过 DNS 获取 MyAppoly.com 对应的 IP 地址，这样就知道服务器位于何处。您的浏览器并不能亲身前往 MyAppoly 服务器获取图片，因此它必须通过互联网发送一条消息通知服务器发送相应的文件，这就是 HTTP 请求。HTTP 规定了网上资源（文本、图像、音频等）的传递规则。

发送请求的方法有好几种，您可以任选一个，其中用得最多的是 GET 或者 POST。GET 通知服务器客户端想要获取服务器中的文件，服务器收到 GET 请求后，调取相应的文件并将其发送到您的浏览器上。另一种发送请求的方法是 POST，浏览器将数据发送给服务器的时候会用到。在某些情况下，两种方法都可以发送请求，区别就在于数据是如何通过互联网发送的。使用 GET，您发给服务器的信息会被放在 URL 之后。例如，如果您在 MyAppoly 上搜索“地中海”（mediterranean），GET 请求会将您重新定位至另一个站点 http://www.myappoly.com/search?q=mediterranean。但是，如果您在搜索词条的时候发送的是 POST 请求，那它就会被放到 HTTP 请求中，不会显示在 URL 中。对需要在服务器端修改的人来说，POST 请求无疑更合适。

因此，客户端发出请求：找到 MyAppoly 服务器，让它获取包含“picl”图片的页面。服务器找到指定资源后，使用 TCP/IP 协议将响应结果发给客户端。随后浏览器利用报头字段呈现或编译收到的资源。但是，客户端可能还需要发送更多的请求，因此整个流程也许并未结束。鉴于服务器每次只能发送一个资源至浏览器，因此客户端可能需要多次发送请求才能获取呈现一个网页所需的全部资源。要想浏览包含“picl”图片的页面，您得获取两个资源：一个是包含文本内容和页面布局的 HTML 页面，另一个是“picl”图片文件。因此，浏览器至少需要发送两次请求。

结　论

了解互联网的基本构成、相关操作和基础工具以后，您可能迫不及待地想要创建自己的 MyAppoly，然而，要想让自己的程序出现在互联网上，您首先得建立网站托管。

第二章

托管与云端

实体零售店要想投入运营，货架上和仓库里必须有具体的产品。如果把互联网比作实体零售店，这种行为就叫“托管”（hosting）。通过托管，网站建立者可以让互联网上的其他用户访问自己的网站。

如今我们讨论互联网时，不提“云端”（cloud）几乎是完全不可能的。那么，“云端”具体指的是什么？它的存在感为何如此之强？

托管

第一章已经讲过，您访问网站的时候，浏览器会给服务器发送消息要求获取文件。那么服务器中的文件又是从哪里来的呢？将网站放入服务器让其他用户也能通过互联网获取的过程就是托管。您的网站文件会被保存到服务器中，而服务器与互联网相连且从不中断，这样用户就能随时访问网站。想象一下，如果您将自己的网站文件放入了一个晚上会关掉的服务器里，那么夜间访问该网站的用户必然会收到报错消息，业务损失在所难免——因此，托管服务器必须一直在线并保持高速网络连接。除了网络连接，服务器还需要特殊的网络托管软件，对此我就不过多介绍了。

您可能并不是很想亲自托管网站。当然您也可以选择自己托管，除了电费和网费，您不需要支付其他费用，而且在选择服务器时还有充分的自主权。缺点就是您得自己动手，这个过程需要一定的技术储备。

世界上很多人都意识到自己托管确实是一件麻烦事，所以那些目光敏锐的企业家开始创办提供托管服务的公司。他们提供计算机来存储需要托管的网站，而且这些服务器的可访问性和连接速率都经过了优化提升。托管公司删掉计算机上所有不需要的组件，这样它们就能成为高效便宜的服务器。和纸牌游戏、画图程序、显示器、键盘说再见吧！托管公司将这些经过“阉割”的计算机用机架积聚起来，然后将服务器上的空间租给想要托管网站的人。

托管服务提供商迅速变得抢手，因为他们让网站开发人员能够专注于自己在做的产品。托管服务提供商通常会给网站开发人员提供一个控制面板，让他们能够管理网站并且使用文件传输协议（FTP：File Transfer Protocol）将文件转移到远程服务器上。

托管注意事项

选择托管服务提供商时，请认真考虑以下参数：

- 服务器类型：不同的服务器有不同的网站服务器软件，例如 Apache、OS X Server 和 Windows Server，这一点对普通用户和实例来说并不重要。
- 磁盘空间：网站和数据库的大小决定您需要占用多大的服务器内存。
- 带宽：每当有人访问您的网页时，浏览器都会请求从服务器获取文件。从服务器回传至用户的数据量就是带宽。访问您的网页的用户越多，或者您的网页上的图片等资源越多，那么带宽就越高。鉴于给一百万个用户提供服务的费用远高于只给一个用户提供服务的费用，一些托管服务提供商会针对带宽需求调整基础价格。
- 可靠性和运行时间：确保托管服务商能够让您的网站一直在线，尽可能确保用户可以随时访问您的网站。
- 价格：货比三家。不同类型的托管服务价格差异较大，而同一类型的托管服务价格差异较小。合理评估预算，确保在预算范围内买到符合自己要求的服务。

不同类型的托管

托管服务提供商为用户提供托管服务的方式主要有以下几种：

- 共享托管：多个用户共享同一台服务器。托管服务提供商将服务器分成若干个部分，然后将每个部分租给不同的用户。因为服务器是共享的，所以这种托管通常价格最低，灵活性也最差。您无法更改共享服务器的配置，也不能对其进行软件更新，因为这些操作会影响正在该服务器上运行的其他网站。当然，他人的操作也会影响到您！这类托管的灵活性虽然不高，但是胜在便宜，通常适用于简单的网站，例如个人网站。
- 独立服务器：顾名思义，使用独立服务器时您可以租用整个服务器来执行任何操作。您可以根据自身需求自定义服务器，而且别人使用服务器时出现问题对您毫无影响，但是，灵活性和控制能力提升的同时，价格也大幅增加。如果您要托管多个网站，而且这些网站涉及巨大的用户流量和大型数据库的使用（用户名、信用卡资料、热门商品等），使用独立服务器效果更好。
- 虚拟独立服务器：也可以理解为虚拟私人服务器。虚拟独立服务器在某种程度上就是共享托管和独立服务器的结合体。托管服务提供商会为您提供服务器空间，您可以将它视为独立服务器，但它实际上可以与其他用户共享。与共享托管服务不同的是，虽然多个用户可以使用同一台服务器，但每个用户能按照自己的需求对它进行调整。如此就不会浪费计算机的空间和处理能力，不仅让托管服务提供商受益，还能让用户避免支付整台服务器的费用。

- 服务器托管：在这种情况下，您拥有服务器，但是将它的管理权委托给了托管服务提供商，您只需要支付带宽（用网）和维护（散热等）费用。

云　端

要想充分认识“云端”，首先得了解它与20世纪50年代的大型计算机的相似之处。这些大型计算机体积庞大、价格高昂，只有政府和大型机构才买得起。用户可以通过虚拟计算机访问大型机，而无须直接对其进行操作。虚拟计算机上的特殊文本程序就是终端（terminal），它让用户能够访问存储有全部数据和程序的实体计算机。从某种意义上来说，所有的信息和功能都是集中的。但是随着计算机变得更加便宜，个人计算机这一理念应运而生。

然而，个人计算机受其内存和数据处理速度的限制。随着网络技术的发展，计算机科学家发现将计算机连接到同一网络中能极大提高计算机的性能。这种计算机网络就是云端。组成云端的个体计算机可以通过互联网进行协同操作。在某种程度上，云端是对 20 世纪 50 年代的大型计算机的回归——用户通过功能不够强大的个人计算机与快捷而强大的云端进行交互。

如果有人说“我把它存在云端了”或者“我从云端获取的”，那么他就在谈论一种强大的工具。人们可以通过互联网使用一些服务（如 Dropbox，一款云盘）来存储文件。无须将文件存在硬盘里，也无须依赖离线服务，云盘通过调节互联网来提供资源和服务。组成云盘的服务器网络除了存储图片、音乐等您可以想到的资料，还能存储其他一切东西，小到简单的网站，大到可以在线访问的复杂软件。

云计算（cloud computing）是指通过计算机和其他电子设备（如手机和平板电脑）访问和使用云端的信息和软件。也就是说，您无须再将所有的东西存到实体电脑中。如果使用云计算，您就不需要到商店里去买存在硬盘里的软件，也不用买回来之后将硬盘插入电脑以安装软件。而且，如今大部分公司都将自己产品的某些版本放在网站上供用户在线使用。

按照美国国家标准与技术研究院的定义，云计算模型“包含五大基本特征、三种服务模型、四大云端部署模式”。[1]

1 Peter Mell and Timothy Gance, “The NIST Definition of Cloud Computing.” National Institute of Standards and Technology Special Publication 800-145, 2011. 见 https://csrc.nist.gov/publications/nistpubs/800-145/SP800-145.pdf。

五大基本特征：

- 按需获取自助服务：客户可以随时访问云端的资源和软件。您只需要一台连网计算机、有效的用户名和密码，就可以登录云计算平台 Salesforce.com。
- 广泛的网络接入：用户可以通过各式各样的设备（如笔记本电脑、智能手机、平板电脑）获取云端的资源和（或）软件。
- 资源共用：云端计算机协同工作能服务多个用户，并解决单台计算机难以解决的问题。
- 弹性处理：云端计算机可以通过网络相互交流，所以，如果有计算机遇到了流量过大的问题，其他计算机可以迅速帮忙解决。云端可以灵活调节访问流量。
- 可度量服务：在传统的软件模式中，用户安装和使用某个软件需要支付一定的费用。不管是天天使用，还是只想试用，您都要支付相同的费用。现在，公司可以利用存储、处理、带宽等指标来评估用户的使用情况，在此基础上进行定价，这种方法是可行的，能提高市场效率。

三种服务模型：

- 软件即服务：用户可以通过浏览器访问的应用程序（如

Dropbox），就属于软件即服务。与之相关的是应用程序接口（API：Application Programming Interface），我将在第六章进行详细讨论。鉴于用户从云端获取相关服务，应用程序的副本并未安装到每个用户的计算机，可以说云端基于多租户架构。

- 平台即服务：如果您接触过支持编程社区的云平台（如Heroku），那么平台即服务对您而言并不陌生。这类平台为用户搭建个人网站提供环境。除此之外，它们还提供网站服务器助您创建自己的网络应用程序。
- 基础架构即服务：用户对云端的需求在不断增长，由此催生了和云端基础架构相关的全套业务，让用户能将自己创建的网站托管到云端。这种做法大大提高了效率。例如，线上发布新的促销活动后，可能会有很多用户访问查看。放在以前，您得购买一定数量的服务器以便为访问高峰期时的站点服务。而高峰期之后，访问的用户减少，流量也相对降低，而那些昂贵的服务器却还在您手里。云端可以将这些固定成本转化为可变成本。您可以轻松增减服务器容量，只需为自己使用的服务付费。

亚马逊通过建立数据中心来支持自己的网站，使其他用户能够通过亚马逊云服务（AWS）使用相关服务器和工具。亚马逊弹性计算云（EC2）是AWS的一部分，让客户可以按照自己的想法远程灵活增删服务器。微软、谷歌等公司也提供类似服务。

美国国家标准与技术研究院还提出了四大云端部署模式，规定如何识别有权访问云端信息的用户。对于这一点，本书不做过多讨论。

云计算的优点

云计算的优点如下：

- 可访问性和独立性：您可以通过已连接到云端的任一设备访问应用程序和数据。不受实体计算机约束，轻轻松松获取自己想要的东西。
- 备份：鉴于您的文件安全存储在了云端，所以，不管您是把笔记本电脑掉到了浴缸里，还是把平板电脑落在了地铁上，云端的数据都是安全的。
- 按照比例定价：云端根据用户的使用情况定价。
- 降低硬件成本：大量计算由云端计算机完成，所以您没必要购买硬件最新、运行速度最快的电脑，只需要一台网速不错的电脑。而且，您也无须亲自动手保存所有资料，毕竟文件都已经存到了云端。像 Chromebook 这样便宜的笔记本只提供高速上网服务。

- 性能提升：有了云端，您可以少安装一些功能冗余的程序，这样计算机有更多可用内存，运行起来更快。
- 较少的维护问题：因为软件都保存在云端，所以您几乎不会遇到已经安装的软件与其他软件或同一软件的更新版本相冲突的问题。
- 轻松访问最新版本：当您通过互联网访问应用程序时，可获取该程序的最新版本。
- 更轻松的团队合作：只要大家都在云端，就可以实现轻松高效的多用户合作，可参考谷歌云盘和文档协作的工作方式。
- 提高计算能力：一台计算机的计算能力是有限的，而云端的处理能力可以覆盖整个网络。

云端的缺点

在了解云端的优点之后，您可能已经对云端满怀期待，但不好意思，我得给您泼盆冷水，云端并非完美无缺，它也有如下缺点：

- 依赖网络：如果网络崩溃或者连接不稳定，您就无法获取所需的数据和软件。很多云端程序的解决方案是允许下载数据，但是其中有些程序会对此收费。

- 安全和隐私漏洞：虽然云端越来越安全，但是对外部用户通过网络访问内部数据，多加谨慎也情有可原。您将数据交给了他人管理，那还有隐私可言吗？尽管安全防护措施越来越高级，云端易受恶意攻击和黑客窃取这一点还是让人越来越担心（见第十二章）。

结　论

互联网的普及很大程度上归功于托管变得越来越容易。企业家可以利用最新的托管技术，将自己的成果以较低的价格快速提供给客户。消费者逐渐偏好云端服务，新兴科技公司发现自己不得不和大公司同台竞技，而这些大公司可能会因遗留系统的束缚而无法充分利用云端的竞争优势。

毫无疑问，在将网站托管到云端之前，您得先把它创建出来。不管您是想要更新旧软件的投资人，还是想要了解最新网络技术服务的大公司职工，您都需要了解网络应用程序。在下一章，您可以通过创建 MyAppoly 来慢慢学习。

第三章
后端：编程语言

您已经花了好几个星期构思 MyAppoly，想着如何优化这一愿景。接下来该做什么呢？鉴于应用程序的创建有其技术壁垒，一个产品要想面世就避不开这个问题。应用程序是用编程语言写出来的。用编程语言写出来的代码定义应用程序如何运行和响应，涵盖了从您看到的界面到后台运行的方方面面。首先您得做一个技术层面的决定，那就是为自己的产品选择一种编程语言。您可能已经听说过 Python 语言、Ruby 语言和 C 语言，可它们到底是什么？彼此之间又有什么显著差异？在做选择的时候，您应该考虑哪些因素呢？

编程语言只是计算机需要服从的一组指令。编程是一门艺术，它将指令组合起来定义应用程序的行为。MyAppoly 团队首先得用一种编程语言来定义后端，后端负责处理用户的所有操作。例如，您点击脸书上的“添加好友”后，后端通过调用数据库和其他信息源来处理您的操作，实现既定目标。在这个例子中，后端会给您的好友发送验证消息。在谷歌上搜索时，后端接收您的查询条件，用算法来查找相关搜索结果。后端也被称为“服务器端”，因为定义后端的代码就储存在服务器中。用户通过前端、接口、交互界面与后端交互。您在脸书上点击的“添加好友”选项和显示的好友个人资料都属于脸书的前端。简言之，前端就是您可以看到的那一部分，我们将在第四章详细讨论。

编程语言的创建和开发速度惊人。因此，了解基础技术术语和编程语言的分类可以帮您与时俱进。最终选择哪种编程语言，得视您的需求和具体情况而定。

编程语言的受欢迎程度排名每年都在波动。例如，2018 年 8 月公布的最受欢迎十大编程语言和往年同期相比就有如下变化[1]：

1. Java　（不变）
2. C　（不变）
3. C ++　（不变）
4. Python　（上升一位）
5. Visual Basic .NET　（上升一位）
6. C #　（下降两位）
7. PHP　（不变）
8. JavaScript　（不变）

1 TIOBE Software BV, www.tiobe.com/index.php/content/paperinfo/tpci/index.html. 注意这些编程语言并非都和后端有关。

9. SQL　（之前未参与排名）

10. 汇编语言　（上升四位）

按层次分类编程语言

计算机只能理解由 0 和 1 组成的二进制系统。所有的文件、程序和数据本质上都由 0 和 1 组成。每一个 0 或 1 就是一个比特（bit），8 个比特就是 1 个字节（byte）。计算机对字节的解读取决于程序员标记或指定字节的方式。以字节 0100 0001 为例，它可以是数字 65，也可以是字母 A。较大的文件（例如本书的电子版）往往由大量字节构成，常以千字节、兆字节或千兆字节为单位。例如您买电脑的时候发现它有 16GB 的内存空间，这表示该计算机可以存储 16 千兆字节的内容。

程序员可以用机器语言来操纵比特和字节，但是，用 0 和 1 编码 MyAppoly 不仅困难烦琐，还代价高昂。因此，尽管机器码最接近计算机理解的内容，程序员还是会定义简单函数，让其为自己进行位编码。这些函数共同构成汇编语言。程序员可以使用汇编语言进行编码，然后用汇编器将程序转换为计算机能识别的二进制文件。

事实证明，汇编语言也比较烦琐，因此程序员创建了具有更强大命令的高级语言。用高级语言写出来的代码更接近人类语言。

高级语言可以直接转换为机器语言，也可以通过汇编语言转换为机器语言。因此，高级语言不会拓展可以用代码呈现的计算机行为。使用高级语言和汇编语言的区别可类比三明治的制作步骤，您可以只列几个大步骤，也可以用上百个小步骤来说明。

PHP 和 Python 之类的编程语言之所以被称为高级语言，是因为它们让程序员可以不依赖比特和字节进行抽象思考。汇编语言之所以被称为低级语言，是因为它更接近底层硬件。而有些语言（如 C 语言）之所以被称为中间语言，是因为它们让程序员用比特思考的同时更接近人类语言，而且比汇编语言的指令复杂。

处理高级语言

您需要使用高级编程语言编码 MyAppoly。高级编程语言有各式各样的分类标准。根据计算机理解语言的方式来分类的话，可将高级语言分为编译语言和解释型语言。

编译语言用编译器将代码翻译为计算机处理器能够理解的语言。如果您使用 C 语言或 Java 语言为 MyAppoly 编码的话，那么您就在使用编译语言，您编写的程序就是源语言。编译器的作用，就是将源语言翻译成机器可执行的代码，和把英语译成法语一个道理。编译语言运行起来快，但是开发起来慢（如写一个程序，见第十一章）。

诸如 PHP 这样的解释型语言需要进行即时翻译。就像一个讲英语的人和一个讲法语的人交流，现场得有口译员负责同声传译。其结果，就是执行速度与在编译器系统中相比要慢一到两个量级。一个说法语的人读完这本书的法译本需要一定时间，同样地，他听法语同传口译这本书也需要时间，您可以比较一下这两种情况分别花费的时间。解释型语言还有一个不那么明显的缺点，就是它们经常需要更多的内存，所以运行效率较低。解释型语言虽然运行起来较慢，但是开发起来很快。

高级语言的其他分类

有编程经验的人理解接下来的内容会简单一些，不过核心点只有一个：不同的语言适用于不同类型的任务。某种语言可能适合为金融投资人设计一组进行复杂贸易的算法，而另一种语言可能最适合为老师设计一个按成绩对学生分类的工具。

将各式各样的编程语言分类整理其实并不容易。就像如果我让您将世界上所有的狗按单一标准分类，您也会觉得这是一项艰巨的任务。虽然您可以尝试不同的分类方法，但是各分类之间会不可避免地重合。正如拉布拉多犬和可卡布犬的分类有重叠之处，不同编程语言之间重叠的地方其实更多。不论如何，您以后会经常听到下面这种高级语言的分类方法涉及的关键词：

- 命令式语言关注的是目标实现的方式，它通常由一系列命令组成，而且这些命令可以创建和修改变量。C 语言和 Java 语言就属于命令式语言。和命令式语言相对的是声明式语言，后者关注的是目标的内容，而不是目标的实现方式。SQL 和正则表达式就属于声明式语言。
- 函数式语言的主要计算方法依赖函数和递归，而非存储的变量或迭代。CAML、Standard ML、Scheme、Lisp 和 Haskell 都属于函数式语言。
- 面向对象语言通过创建对象（object）来储存信息和执行命令。例如，程序员在设计一款适用于学校的应用软件时，会为每个学生创建一个对象。对象里封装的是能够定义学生姓名、导师等数据的变量，还封装了一系列相关函数，称为“方法”（method），描述应该如何检索学生成绩或显示他们的课程。所有能够有效反映学生信息的东西都由“学生”对象来定义。面向对象编程还能实现抽象操作，让程序员能够在同一位置定义共享属性。假如您现在要创建一个“教师”对象，该对象中必须储存教师姓名的变量，还得存储显示教师所授课程的方法。注意，这里“教师”对象和“学生”对象里的定义相同。您无须为了教师对学生的变量和方法函数进行改写，只需要创建一个包含“教师”和“学生”的“科研人员”对象。Java 语言和 C++ 语言属于面向对象语言。

- 脚本语言、命令式语言和面向对象语言有着众多相同之处，都属于弱类型语言。弱类型语言可以灵活定义和转换类型。之前已经提到，计算机只能理解由 0 和 1 组成的二进制系统，所以需要将变量指定为特殊类型（如数字或字符），让计算机能够按照我们想要的方式理解这些类型背后的字节。这种灵活性有利于实现快速开发但是降低了可靠性，这一点将在下一部分进行讨论。像 Python 和 Ruby 这样的脚本语言能够和不同数据库轻松交互（如 API 和数据库，详见第六章）。
- 并行编程语言允许同时操作多个执行序列。通常来讲，并行用于加速某个流程——同时评估两样东西毕竟比一个接一个地评估要快，或对可能同时发生的事情做出反应。
- 查询语言用于与数据库交互，详见第五章。
- 标记语言使用标签和特殊字符使文档具有结构，详见第四章。这种结构通常用于可视化文档。HTML 和 XML 都属于标记语言。

选择正确的语言

现在，您已经对编程语言及其分类有了深入的了解，差不多可以为 MyAppoly 选择合适的语言了。语言设计原理可作为评估编程语言有效性的参考因素，但是最终决定选择哪种语言，还需考虑多种实际因素。

技术与设计层面的注意事项

评估编程语言是否满足您的要求，首先得考虑它们的技术与设计参数：

- 应用程序的自然属性指使用特定语言提供的功能与结构编写应用程序代码时的相对容易度。面向对象语言之所以受欢迎，部分原因就在于它让程序员能够通过多种途径找到问题的解决方法，因此适合多种情形。
- 可靠性指程序具备每次都能按照同样的方式执行操作的能力。无论是在编译还是在运行的时候，程序都会遇到各式各样的报错，这与计算机如何理解组成变量的字节有关。在编译时就发现错误的成本比在运行时发现要低。但是如前文所述，编译语言通常需要花较长的时间开发和执行。因此，在执行成本和可靠性中做出抉择是程序员需要处理的问题，详见第十一章。
- 支持抽象化（这一点之前已有讨论）指在允许忽略许多

细节的条件下定义和使用复杂结构或操作的能力。

- 便携性指您编写的程序能够轻松转换为另一种语言。例如，如果您要在两种新编程语言中选一个，您最终可能会选用可以轻松转换为现有的成熟编程语言的那一个。
- 效率指代码执行所需的时间，其成本的评估通常比较抽象。低级语言对内存的使用控制比较严格，为用户提供了更好的体验，详见第十一章。

现实层面的注意事项

以下现实层面需要考虑的因素将最终决定您为 MyAppoly 选择哪种编程语言：

- 适应性：工具使用有误的话，您的代码可能会变得过于复杂。
- 文档：指说明某种语言的句法、用法和结构的资源，其中，句法是编程语言正常运行所必需的。尤其是您和团队都在学习编程时，编程语言有完整的文档很实用。
- 开发时间：以前，处理器运行速度慢，内存还有限，所以速度和内存是选择编程语言的重点考虑因素。但是现在硬件已经很便宜，而且会越来越便宜。鉴于现在购买硬件比雇用程序员还要便宜，企业倾向于优先考虑开发时间而非运行时间。

- 有效更新：很多像 PHP 和 Python 这样受欢迎的编程语言，会根据程序员的反馈进行定期更新。每次更新会让指令的传达更简单，扩展程序员能用的指令，或解决该语言中存在的问题。
- 可维护性：这一实际因素与语言的简洁性和可读性相关。如果 MyAppoly 要持续使用相当长一段时间，您就需要雇用新的程序员来满足不断增长的需求。认识、更新和修正代码如果做得不到位，产品上新就会严重推迟。
- 值得信赖的社区：受欢迎的编程语言还有另外一个优点，那就是程序员社区。该语言使用的人越多，那其他程序员已经实践过您想执行的操作的概率就越大。相关论坛和博客上有很多示例代码，可以帮您毫不费劲地快速开发新产品，Stack Overflow 就是一个很好的例子。
- 人才库：可靠的社区里也有您需要的技术人员。如果您选择的语言比较小众，那您想找到十分熟悉这种语言的人来充实自己的团队还是比较难的。
- 应用程序接口、库和工具：程序员社区中的很多人会上传一些工具，您可以直接应用到自己的程序中，节省编程所需的时间（详见第六章）。这些工具为开发人员提供在所有网络应用程序中都很常见的函数来支持网络应用的开发。

- 集成开发编辑器：这种综合应用程序中有写代码的编辑器，翻译代码的源编译器、帮助识别程序错误的调试器，还有一些和项目管理相关的工具。编程环境——用于产品开发的工具集——很重要，在良好的支持条件下选择一种编程语言可以帮助程序员提高效率。

结　论

在为 MyAppoly 挑选编程语言的过程中，您已经意识到科技企业越来越优先考虑开发时间，几乎将其置于所有其他考虑因素之上。原因主要有以下两个：硬件越来越便宜（见第十四章），那些受欢迎的产品开发原理决定着产品的快速迭代（见第八章）。您的竞争对手正在快速发展，而要想成为领域先行者，您就得快速考虑本章列出的所有因素，确定如今最为流行的脚本语言。这刻不容缓。

第四章

前端：呈现

知道使用哪种编程语言对您有所帮助，但是如果没有前端，用户什么事也做不成。我们先前提到过，前端是用户与后端交互的接口，即您在一个网页上看到的内容和一系列可以操作的交互行为。您开始思考 MyAppoly 长什么样、需要哪些页面，以及不同页面之间如何联系起来（例如，点击第 1 页的 A 按钮就可以跳转到第 9 页）。然后，您就可以敲定 MyAppoly 所需的功能，为每个网页设计线框图。

线框图可以大致勾勒出网页的样子。在整合线框图之前，您得了解信息设计和交互设计。信息设计有关您如何将想要呈现给用户的全部内容和信息在页面上展示出来。交互设计指的是您希望用户执行以完成某些任务的一系列操作。例如，在亚马逊这样的网站上，产品介绍与点评放在哪个位置就属于信息设计，而用户从浏览商品到添加至购物车再到结算商品的流程就属于交互设计。

您在设计前端的时候，还需要考虑用户界面与用户体验。用户界面指应用程序的外观。优秀的用户界面可以让应用程序直观易用，而糟糕的用户界面可能混乱不堪，让用户一头雾水。用户体验指用户在使用您设计的应用程序时的直观感受。提升用户体验应该成为您一直追求的目标，一般说来，优质的用户体验主要来自以下几个方面：运行良好的后端、直观易懂的用户界面、深思熟虑后选择的信息设计与交互设计。

随后，您会和首席技术官讨论 MyAppoly 模型，实际上这个时候您已经拥有了该网站的纸上版本。棒极了！那么，怎样才能把您的纸上网站变成现实呢？如何实现您在如今很多网页上看到的那种交互效果？为此，我们应该对一些应用广泛的语言和工具有基本的了解，因为它们共同组成了表示层，决定用户能获得什么样的体验。

前端技术

创建展示层的标准前端工具有 HTML/XHTML、CSS、JavaScript 和 Ajax。

超文本标记语言

HTML 是一种能够定义网页内容与结构的标记语言。第三章提到过，标记语言使用标签和特殊字符来赋予文档结构性。其中，标签可分为两类：容器标签和独立标签。以 <h1>Read my book</h1> 为例，当浏览器翻译您在网页上看到的标记代码时——这个过程就是渲染（rendering），它会看到开始标签 <h1>，知道应该将这个标签之后的文本“Read my book”加粗和放大。因此，“Read my book”看起来会像一个标题。结束标签 </h1> 会告诉浏览器结束加粗操作，继续阅读代码直到遇到下一个标签。这些标签可以相互嵌套，所以您如果想让标题变成斜体，可以使用 <h1><i>Italicized Heading</i></h1>。容器标签使用开始标签和结束标签来描述格式，而独立标签是你插入代码中以实现某种效果的标签。例如，当浏览器在 HTML 中读取到
 时，它就知道在继续阅读之前应该在网页中插入一个分行符。

也就是说，标记语言使用标签组合来定义文件的结构。样式表（将在后文和层叠样式表一起讨论）会为这些标签添加样式，让渲染后的文件看起来不至于空洞。如果不添加样式，所有的网页看起来都一个样，有着一模一样的字体、字号和颜色。样式表可以给浏览器下达这样的命令：“让所有的 <h1> 标签使用另一种字号！”综上，标记文档和样式表共同组成网页不可或缺的一部分。

简单介绍完毕，接下来让我们回到 HTML 身上。20 世纪

80年代，蒂姆·伯纳斯-李用一种元语言——标准通用标记语言（SGML：Standard Generalized Markup Language），创造了HTML——用于在互联网上呈现网页的主流标记语言。和其他标记语言一样，HTML使用分层嵌套标签以使构成网页的文本具有结构性。请务必记住，元素也是可以嵌套的，和上一段提到的斜体元素嵌套进<h1>标签的方式一样。用户访问网页时，实际上打开的是HTML文件，是浏览器将其转换为了更加清晰易读的格式。

HTML页面的结构通常由六部分组成：

- 文档类型（DOCTYPE）：随着时间的推移，HTML和XHTML（将在后文讨论）的新版本慢慢被开发出来。因此，我们面对的问题是：制作一个网页只能用现有的多种版本和类型的标记语言中的一种。当您访问自己最喜欢的网站时，浏览器如何知道该网页是用哪种标记语言写成的？如果不知道，它可能误读某一标签，或者根本无法呈现您想要的网页。因此，文档类型会告诉浏览器该文件是用哪种标记语言写成的。
- HTML：HTML标签包含文档里除DOCTYPE之外所有的标签或元素。它定义了浏览器渲染的区域。
- 头（Head）：浏览器利用头元素中包含的信息来读取文档的余下部分。除文件标题之外，头元素还包含其他脚本、元信息和样式表——这些我们将在后文详细讨论。

- 标题（Title）：它对网页标题进行了定义。好的标题除了能够向用户传达信息，还是搜索引擎优化（SEO：Search Engine Optimization）的一大关键。您可以利用 SEO 改进搜索引擎的搜索结果，我将在第十章进一步讨论。
- 元（Meta）：元标签用于将信息传达给浏览器，如网页关键词或网页内容描述。这些标签对 SEO 来说也很重要。
- 正文（Body）：正文元素包含实际展示的页面，包括所有的文本、图片、链接等。

还有很多其他类型的标签，它们与图形、表格、清单等您能够想到的一切事物相关。标签可以有自己的属性，能为元素提供更多说明，如样式信息。最新版本 HTML5 还支持动画、地理定位、触屏、内容处理等新功能。

接下来要介绍一些其他术语，您在讨论标记语言和网页设计时很可能会遇到它们。

可扩展标记语言和可扩展超文本标记语言

可扩展标记语言（XML）是一种标记元语言，这意味着它可用于定义其他标记语言，因此，它在很多方面与 SGML 相似。但是 XML 比 SGML 简单得多，SGML 就是 HTML 诞生的基础。

XML 由两部分组成：文档和样式表。如前文所述，文档包括标签或元素，样式表则给各式各样的元素添加样式。

我们为什么需要 XML？因为 SGML 中有很多复杂且多余的内容。因此，HTML 的容错能力和对规则的包容性强，这就导致同一 HTML 文档在不同的浏览器和设备上会有不同的呈现。如果每个浏览器都以不同的方式呈现您的作品，那您作为开发人员就很难控制用户界面。而 XML 更为严格，有需要遵守的规范。所以如果我们能够用 XML 重写 HTML，就等于创建了一种标记语言，这种语言不会像 HTML 那样遇到那么多问题。受这个想法的启发，可扩展超文本标记语言（XHTML）应运而生。XHTML 需要遵守更为严格的编码规范，虽然不支持向后兼容（即老版浏览器可能无法读取新版本的标记语言），但是支持不同设备和浏览器的访问。

层叠样式表

层叠样式表（CSS：Cascading Style Sheets）作为一种计算机语言，会告诉浏览器如何为各种 HTML/XHTML 元素添加样式和定位。CSS 的语法比较简单，包含一个选择器和一个声明，前者告诉浏览器要为哪些 HTML 标签添加样式，后者则告诉浏览器如何为相关元素添加样式。

CSS 可在三个地方定义样式。首先，CSS 可以将样式定义在

HTML 元素的 style 属性中，如 <h1 style="color: blue">My blue heading </h1>，即告诉浏览器标题文字的颜色是蓝色。或者，也可以将其定义在 HTML 文档的 <head> 标签中。浏览器能够让样式代码与其对应的 HTML 标签进行匹配。最后，也可以将样式声明放在一个外部 CSS 文件中，以供 HTML 页面引用。您只需指定需要添加样式的 HTML 标签，浏览器会负责处理余下的工作。在上述三种做法中，最后一种是最理想的，理由如下：

- 可读性：最好将结构与样式分开。
- 速度：加载时间最短。
- 维护：假设现在您想要更新整个网站的样式，而 CSS 按照第一种做法位于 HTML 元素的 style 属性中，此时您需要将整个 HTML 浏览完毕才能更新所有的样式，但如果样式声明放在一个外部文件中，整个更新工作就会变得很简单。您甚至可以创建一个全新的文件，将其命名为 styleversion2，更改 HTML 文件中的链接即可。您可以按照自己的喜好将 styleversion1.css 改为 styleversion2.css，然后整个网站给人的感觉都可能发生变化。这种强大的功能类似于第三章中提到的“抽象化”。

继承（inheritance）同样存在于 CSS 中，即子元素可以继承父元素的样式。换言之，如果 A 元素包含 B 元素，其中 A 元素被封装在一个大容器中，那么 B 元素会继承这个容器的样式。我们将这种继承称为层叠（cascading），即 CSS 中 C 的全称。

CSS 包括以下八种常规样式类别，示例如下：

- 类型（Type）：字体，颜色
- 背景（Background）：颜色，图像
- 块（Block）：字间距，行间距
- 盒（Box）：宽度，高度，浮点
- 边框（Border）：样式，颜色
- 列表（List）：样式，位置
- 定位（Positioning）：位置，高度，可见性
- 扩展名（Extensions）：分页符，游标

CSS 的定位属性基于盒子模型，在这样一个模型中，元素位于嵌套区，由内到外分别是位于盒子正中间的内容、内边距、边框和外边距。从某种程度上来说，使用 CSS 设计网页其实就是在屏幕上排列这些盒子。

JavaScript

有了 HTML 和 CSS，您可以创建页面精美、内容布局精良的

网站，但是这些网站无法实现交互。悬停鼠标即出现下拉菜单和信息框等众多功能都归功于 JavaScript。JavaScript 是一种面向对象的脚本语言（还记得第三章的相关定义吗？），它位于 HTML 文档中并由您的浏览器（即访问该站点的客户端）渲染。因此，我们说 JavaScript 需要客户端的处理。这就是为什么 JavaScript 是前端而不是后端，它和我们讨论过的其他脚本语言不一样。JavaScript 的运行无须服务器的支持。

JavaScript 最早由网景通信公司（Netscape）推出，如今在网页上随处可见，它能让 MyAppoly 呈现交互和动画效果。例如，你希望在单击 MyAppoly 标志之后显示一个包含信息的弹出窗口，这该如何实现呢？包含 MyAppoly 标志的 HTML 元素中有一段 JavaScript 代码，这就是事件处理器。事件处理器“等待”相关“事件”（即用户发起的动作），直到计算机开始处理相关 JavaScript 指令。在这个例子中，当您点击 MyAppoly 标志时，JavaScript 事件处理器会创建一个弹出窗口并展示给用户。由此可见，事件、事件处理器和函数在某种程度上共同定义了 JavaScript 如何为网页添加交互功能。

和 CSS 一样，JavaScript 可以直接嵌入 HTML 文档的 <head> 元素中，也可以放到后缀名为 .js 的外部文件中，该文件可链接 HTML 文档。

文档对象模型和动态 HTML

如何在用户点击 MyAppoly 标志弹出窗口时改变网页背景色呢？鉴于 JavaScript 不仅要创建一个弹出窗口，还得更改定义网页背景色的 HTML/CSS 代码，整体执行起来还是挺困难的。动态 HTML 是静态 HTML 和 JavaScript 的集成，由文档对象模型（DOM：Document Object Model）启用。万维网联盟（W3C）将 DOM 定义为“一种与平台和语言无关的应用程序接口，可以动态访问程序和脚本，更新文档的内容、结构和风格”。DOM 本质上将 HTML 页面上的所有元素都定义为对象，并将它们放置在基于元素嵌套的树状结构中，因此您可以轻松访问所有元素，使页面上的每个元素都能实现交互。理论上您可以从树的顶部出发沿着路径向下访问文档中的任意元素。到达想要访问的元素之后，您可以操纵它以实现想要的效果。DOM 可以为网页上的任何元素添加交互功能。

Ajax

和动态 HTML 一样，Ajax 也是技术的集成。Ajax（Asynchronous JavaScript And XML）诞生于 2005 年，它将 CSS、HTML、DOM、XML 和 XMLHttpRequest 结合起来让网页能够在后台执

行相关功能，我们不妨把它拆开来讲。

假设 MyAppoly 上有一个表格需要用户输入所在的州。大多数现代浏览器会在动态下拉菜单中为您提供一些选项，所以，当您输入 M 的时候，一长串以 M 开头的州名就自会动出现在搜索框下方。当您再输入字母 A 时，会出现 Massachusetts 供您选择。

如果没有 Ajax，每次您输入新字母时，页面就会完全刷新一次，这样您才可以获取一个列表，上面可能有您要找的州。输入一个字母，网页接收之后到数据库中去搜索，找到所有满足要求的州之后再刷新以显示更新后的信息。假设页面刷新需要 0.5 秒，那么用户会变得不耐烦，对网站也充满怨言，用户体验极差。

那么 Ajax 是如何处理这个问题的呢？它将用户要求的数据从服务器传输至客户端，而不是刷新页面以显示新的内容。Ajax 用 XML 来格式化数据，用 XHTML、CSS、DOM 和 JavaScript 来获取数据，仅更新网页中有变化的部分。最重要的一点是，这些操作都是异步（asynchronous）完成的，也就是说，用户并不知道后台发生了什么。Ajax 努力从服务器获取更新信息的同时，用户可以继续与网页交互。不过 Ajax 很复杂，使用起来也比较困难，但是众多工具包的存在让 Ajax 的使用更加简单。

Ajax 仅适用于现代浏览器，缺乏后向兼容性。

便携性和可访问性

浏览器渲染没有强制性的标准，因此所有浏览器渲染 HTML 和 CSS 的时候都略有不同。同一个网页用 Safari 浏览器打开好看，但是用 IE 浏览器打开可能看起来十分奇怪。适合 PC 版本的网页可能并不适合 Mac 版本。技术在不断发展，在最新版本的 Chrome 浏览器上能显示的内容在旧版本上可能无法显示。一切观察表明，作为开发人员，您无法用同一种方式满足所有用户的需求。无论是确保网站在任意设备上的显示都美观——当然，这一点很难实现，还是期待网页标准或其他解决方案尽快出现，都符合您的利益诉求。

网页标准

假设每个汽车公司都需要定制的汽油，那么一个加油站储备用户可能需要的所有汽油就几乎不可能实现。汽车制造商从一开始就意识到，全行业统一汽油标准，是最佳解决方案。

当今的互联网就像一个没有汽油标准的世界。解决便携性和可访问性问题的最好方式是为编码和渲染设置标准。万维网联盟（W3C）是“一个其成员、专职人员和大众共同携手制定网页标准的国际组织”。但是，W3C 并不负责制定严苛的规则，只推出建议遵循的规范。最近很多人也注意到了，这些建议大体是趋同的，对开发人员和用户来说都极为有用。

有多个校验器可确保您的网页符合 W3C 制定的规范。校验之所以有用，是因为它有助于确保您的网页的可访问性，可以缩短加载时间，还能帮您进行搜索优化（详见第十章）。

响应式设计

如果您能识别用户使用了何种设备访问网站，您会怎么做呢？可以针对不同的设备展示不同的版本。这种技术称为响应式设计。鉴于现在可以识别用户来源和用户使用的设备，您可以选择显示对应的 CSS，或采用能让用户拥有更佳体验的代码版本。但是，可以想象的是，涵盖所有浏览器和设备依然很困难。

结　论

现在，您已经知悉将纸上版本的 MyAppoly 转换为可以访问的前端需要做什么。您可以告诉首席技术官，您已经知道用户如何访问网站、如何进行交互，以及使用何种编程语言处理用户操作。但是，您的后端是如何记住和组织相关信息（如用户名和好友列表）的呢？要回答这个问题，您需要了解数据库，让我们进入下一章。

第五章
数据库：模型

考虑到数据具有价值，某些公司收集的信息本身就是一种资产。我工作过的一家公司专门为当地商家提供数据，我主要负责收集这些商家（主要是餐馆）的菜单。通过收集销售食品的种类和价格，把它们存进数据库，我能发现一些有趣的事实！想知道旧金山比萨的平均价格是多少？我家方圆五英里内哪家餐馆卖韩国泡菜？都是小菜一碟。收集某些比较独特的数据，还能让您回答此前无法回答的问题。

就一个“典型的”应用程序而言，您需要熟悉的最后一个组件就是数据库（database），通常称为模型（model）。MyAppoly的用户需要输入个人信息才能注册以获取服务。您需要将注册信息储存在某个地方。从用户名和密码到用户登录次数，随着网站越办越成功，您需要保存的信息量也会呈指数增长。在和团队讨论使用哪种数据库、如何组织数据之前，本章能为您提供一定的知识储备。但是，本章并没有讨论如何通过编程的方式添加和更新数据库中的数据，只回顾了数据的基本结构和区别。

数据库系统

我们大多数人都熟悉某种记账系统。有些人会将收据存起来以备缴税之需。企业主们可能通过记录销售和支出的方式来确保完成计划营收指标。医生们按照姓氏的顺序将所有患者的档案存起来。数据库系统就是电子版的文件柜，“请求”（request）就是与文件柜进行交互，包括添加、删除、更新、取得文件或记录。

那么，您可以收集哪些数据呢？通常，您想要保存将来对您有用的数据。这种数据被称为“持久数据”（persistent data），因为它的保存时间超过一天，而且用户退出登录不会影响数据的储存。强大的数据和数据分析有助于提高效率、扩展视野、创造良好的机会，因此，数据库对企业的发展至关重要。

数据库的四个组成部分

数据库由数据、硬件、软件和用户四个部分组成。

数　据

数据即储存在数据库中的实际信息，是数据库必不可少的组成部分。除了这些数据，数据库还储存数据和数据库的元信息。例如，保存记录通常由多条信息组成，所以了解记录的不同部分对应的内容很重要，如哪一部分对应的是用户名。以防您需要刷新存储器或者更改存储方式，这种元数据（metadata）存储在目录（catalog）中。

硬　件

在物理层面，数据存储在硬件的相关组件上——通常位于二级存储器（如磁盘）中。存储硬件可以分为一级存储器、二级存储器和三级存储器。

一级存储器直接与中央处理器（CPU：Central Processing Unit）交互，因此可以提供快速访问数据服务。CPU 执行计算机程序的指令，因此可将其视为数据处理的大脑或程序的执行者。当计算机执行您发出的任务请求时，它首先访问一级存储器以获取相关指令，即 CPU 运行前应该做些什么。与一级存储器相关的术语包括：寄存器（register）、高速缓冲存储器（RAM：random-access memory，也称为静态随机存储器或随机存储器）、动态随机存储器（DRAM）或主存储器。不同的存储器负责不同的任务，但是它们都存储 CPU 运行时使用的数据和程序，以备执行任务所需。我们之所以认为一级存储器存在易失性，是因为计算机关机或者断电时，存储内容会丢失。一级存储器成本高，所以规模往往受限。

与之相反，二级存储器不存在易失性，而且成本较低，但是 CPU 不能直接访问。鉴于计算机关机以后数据仍在，而且我们往往希望数据安全不受电源影响，二级存储器可以存储大容量数据这一事实也就不足为奇了。CPU 无法直接访问二级存储器中的内容，所以数据必须在任务执行前复制到一级存储器中，这一点也反映了为什么获取二级存储器中的数据速度比较慢。二级存储器的例子有硬盘驱动器、闪存和软盘。

三级存储器和二级存储器一样，都不能由 CPU 直接访问。三级存储器主要用于海量数据存储，而且数据获取速度比二级存储器更慢。

区分这三类存储器的主要考虑因素为存取时间和成本。相关内容会在本章结尾部分提到。

软　件

用户使用 MyAppoly 时，您可能想将他们执行的相关操作保存到数据库中。数据库管理系统（DBMS：Database Management System）负责数据库的定义，以及跨平台和应用程序的数据存储、操作和共享。

DBMS 相当于文件管理的负责人，它负责处理所有 MyAppoly 用户的请求。用户在脸书上单击“接受好友邀请”，就等于创建了一个请求，这个请求会被发送至数据库。DBMS 在发送这些数据给数据库之前接收和分析所有请求，此时，这些请求先被转换为数据库能够理解的请求，然后等待执行。代表 DBMS 访问数据库的代码被称为数据子语言，其中比较流行的版本有 SQL。

DBMS 能够控制并发（同时向数据发送多个请求）、冗余（同一信息重复存储至数据库）、安全性、恢复（防止数据库故障）和优化（及时处理用户请求）——我列出的这些方面都对开发人员相当重要。

用　户

您的终端用户就是 MyAppoly 的用户，他们与应用程序交互，向后台发出请求，然后这些请求会被发送至数据库。当有新用户注册时，他们就会向数据库发出请求，要求 DBMS 添加新用户至数据库。

三层结构

我们也可以说数据库系统是由物理、逻辑或概念、外部三层组成的结构。其中，物理层是存储数据的地方，逻辑层包含用户与应用程序的交互方式，外部层则包含用户与数据库的交互活动。

数据库系统的三层体系，也可以说是三个层面或三种模式，与我们之前对数据库的描述基本一致。但是，把这些术语放到数据库系统的语境中不仅有助于我们的理解，还有助于解释数据库独立性原则。DBMS 提供的抽象形式让用户不需要了解数据存储方式的详细信息，就能够与数据库进行交互。因此，数据库系统的任何一种模式在实际操作中都可以更改，而且不会影响到整个系统。假设您的程序员在为应用程序编写代码的时候，将 MyAppoly 所有用户的名称都放到一个列表中显示，但是您希望将所有的用户名放到一个图表中。对程序员来说，为了获取数据库里的信息而改写发送至数据库的请求，这个过程是很痛苦的。

幸亏有数据独立性原则，程序员可以将列表更改为图表，并且不会影响与系统其他部分的交互。这种改变仅影响可视化层，对您获取数据的方式和数据存储的方式毫无影响。总之，数据库系统将数据的管理与使用区分开来，这样做有其优势。有人会说，用户请求在发送至数据库之前由 DBMS 进行转换的过程会增加整体处理时间，但这样做的优势大于滞后成本。

分　类

DBMS 的分类标准主要如下：

- 数据模型：数据存储的方式要能准确且高效地描述现实世界，我将在下文详细讨论不同类型的模型。
- 站点数量："集中式"和"分布式"这两个流行术语您可能已经有所耳闻。它们与数据库的联系将在"集中式VS.分布式"这一部分展开。
- 成本：相应的解决方案也考虑到了成本问题。您可以使用 MySQL 这样的免费开源软件，需要可定制化系统的大公司也可以使用对应的商业解决方案。

数据模型

既高效又系统地在数据库中存储数据的方式有好几种。下文讨论的是四种最常见的数据模型：关系模型、非关系模型、面向对象模型、对象关系模型。

关系模型

1969年埃德加·F. 科德（Edgar F. Codd）提出关系模型（relational model），这一模型随后成为业界标准。“关系”是“表格”的数学术语，仅从这一点我们就可以确定，关系模型用表格来表示数据。

关系模型又被称为“实体-联系模型”，其中一切存在的事物——如汽车、班级和商店，都是实体。每个实体都有其属性，即表格的列：汽车有自己的颜色，班级有自己的名字，商店有自己的位置。表格的每一行都代表一个特定的实体（也可以称为“对象”或“记录”）。在我们的用户列表中，每一行都是对一个 MyAppoly 用户的描述。其中，列可以是名字、姓氏、密码、住址和电子邮件地址。这些表格通常都有一个主键，即可以唯一确定表中的某一行数据的那一列，通常是每个实体的唯一 ID。MyAppoly 表中的唯一用户 ID 使我们能够在毫不重复的情况下找到每个用户。大多数网站要求用户名必须独一无二，这就意味着无须用户 ID，用户名可以直接充当主键。

既然数据库能够用模型很好地体现实体之间的联系，那我们又是如何和数据库交互的呢？数据库及其对应的表格通常可由特定的操作符进行修改，这些操作符由 DBMS 及其数据子语言提供，其中，数据子语言可用于与 DBMS 的交流。和其他语言一样，数据子语言也很“挑剔”，它要求所有的请求按照一定的格式呈现，所以您必须非常清楚地说明自己想要的是什么。例如，结构化查询语言（SQL：Structured Query Language）就是专门的查询语言（即数据子语言），由国际商业机器公司（IBM）开发，现已成为事实上的国际通用标准，得到了大多数关系系统的支持。SQL 中的操作符包括 INSERT（向表中添加内容）、DELETE（从表中删除行）、SELECT（检索存储在数据库中的信息）和 UPDATE（修改现有行）。

还有几个值得注意的指令支持更加复杂的操作。与 SELECT 一起使用的 JOIN 就是一个很好的例子。假设您现在有一张 MyAppoly 的用户表，还有一张宠物表存储了所有用户的宠物信息。宠物表的每一行反映的是每只宠物的信息，而每一列分别代表宠物的名字、主人、颜色、类型等信息。宠物表中“主人”这一列需要和用户表中的用户相对应。那么，我该如何回答“所有宠物是蟒蛇的用户的地址是?”这个问题呢？这个请求会涉及如下操作：访问宠物表来检索养蟒蛇的宠物主人并将其汇总成表格，然后将这个表格发送至用户表以获取所需地址。我们之所以可以用 JOIN 操作来简化这些步骤，本质上是因为两个表有共享列可以进行合并。本例中的共享列即用户和宠物主人。这个例子说明关系系统的结构可能让请求变得复杂，但是开发人员可以利用相关操作来获取问题的答案。

刚刚描述的查询语言及其操作符是非程序性的，这就意味着用户可以指定自己想要的内容，而不必指定 DBMS 执行操作的方式。我不确定您是否特别在意数据检索的方式，从速度的角度来看，数据检索方式还是很重要的。

为了完整地理解数据库，让我们再看看其他概念和术语。一系列请求组成的特定任务被称为“事务”（transaction），例如，所有要求为用户及其宠物进行注册的请求都可以定义事务。事务并非关系系统独有，这里将简要讨论它的基本属性。第一，事务具备原子性，也就是说事务中的操作要么都完成，要么都不完成——要么用户完全注册成功，要么数据库完全不变。因此，即使相关操作在执行的过程中因为什么原因失败了，数据库的表格依然保持一致，也就是说，行都是完整的，更新记录也是完全的。第二，事务具备持久性，这意味着它们可以立即更改数据库，而且这些更改在操作完成后迅速可用。事务中的操作延迟会对网站的整体体验产生负面影响。想象一下，如果每次您在脸书上接受添加好友的申请后，您的好友列表得花一周的时间来进行更新，这该是多么让人难受的事情啊！第三，事务具备隔离性，在数据库管理系统中，事务之间是相互独立的。要设计一个满足上述约束条件的数据库是非常困难的，但是这些约束条件可以帮您理解 DBMS 如何处理用户发出的请求。

最后一个术语就是规范化，指删除数据库中冗余的操作。我们还是以用户表和宠物表为例。开发人员在宠物表中创建“宠物主人”这样一列时，会发生什么呢？宠物主人的地址不是已经保存到了用户表中吗？本例中的宠物主人地址列其实是多余的，只会浪费空间。规范化可以帮数据库用户节省内存，但是要花更长时间来获取查询结果。如果我经常需要面对先前提到的一个问题，即“所有宠物是蟒蛇的用户的地址是?”（此处我需要使用 JOIN 操作），我的态度可能有所不同。使用 JOIN 操作的成本很高，因为 DBMS 需要合并两个表格以获取所需信息，这一过程的潜在成本很高，具体成本由表格的大小决定。创建冗余列可能更容易，也更实惠。当然，这些决定都由数据库管理员来完成，因为他们准确了解请求是如何执行的。

非关系模型

您可能已经猜到了，非关系模型（non-relational model）并不将表格作为主要数据结构。因此，非关系模型的涵盖面相当广泛，包括网络、层次模型（可参照家谱）和列表。

非关系型数据库（NoSQL）这个术语尤其值得注意。关系系统适合十分复杂的数据，此时的请求主要是为了查询实体间的联系（如用户与宠物之间的联系）。相反，非关系型数据库系统通常更适合存储大量简单数据，如键值对（名字：维奈）。对于这些简单案例来说，NoSQL 性能良好，扩展性强。如果您的团队认为如此严格的关系结构没有必要，而且你们主要负责海量数据的存储和检索（此时实体间的关系并不重要），那么 NoSQL 数据库管理系统就很实用，而且更高效。开源 NoSQL 数据库（如 MongoDB 和 Cassandra）值得多加探索。

面向对象模型

面向对象数据库围绕面向对象编程语言中的“对象”（详见第三章）这一概念展开。对象描述实体，每个对象中都含有一系列能够反映自身特征的属性，还有一系列可由对象执行的操作，例如，描述可能有能力购买宠物的宠物主人的对象。正如前文所述，每个对象必须唯一，所以我们经常使用对象 ID。对象间关系的编程方式如下：描述宠物主人的对象可能存储着宠物对象的对象 ID，其中，宠物对象主要描述宠物的相关细节。所以，如果您想要 X 用户所养宠物的详细信息，您可以访问 X 用户的对象，获取该用户对应的宠物 ID，然后就可以访问宠物对象了。这些对象存储的时候有一定的层次，让整个系统更有结构性，而且可以利用面向对象的继承性和其他特质。

面向对象模型（object-oriented model）能够保留特定对象的复杂特质，功能很强大。此外，面向对象模型还有助于将对象结构和您施加到对象身上的操作区分开来。关于这些模型的工作方式，其细节的完善需要技术的参与，而“关系模型”这一部分讨论的很多术语同样适用于面向对象模型。例如，面向对象模型也有自己的查询语言：对象查询语言（OQL：Object Query Language）。

对象关系模型

面向对象模型通过各种途径进入关系系统之后吸收关系系统的优势，形成对象关系模型（object-relational model）。在对象关系系统中，您可以定义自己的类型。

XML 格式

第三章和第四章已经讨论过，XML 是一种标记语言，能为文档建立框架。所以，我们可以用 XML 语言来定义数据结构，而且 XML 语言为基于网络的应用提供了一种描述数据和交换数据的主要方式。

集中式 VS. 分布式

客户端-服务器架构描述了终端用户与 DBMS 之间的关系。

客户端包含各式各样的应用程序，这些应用程序负责与 DBMS 交互，DBMS 就是处理和执行请求的服务器。

储存所有内容的计算机本身可以是集中式（centralized）的，也可以是分布式（distributed）的。当计算机处于集中式状态时，所有的请求都会发送至负责存储所有数据的单个服务器。如果该服务器因为某种原因出了故障，依赖它的应用程序都将无法正常工作，这个服务器也就成了单一故障点。因此，随着通信和数据库技术的进步，相关组织意识到使用分布式系统其实好处多多。如果我们有多个可以相互交流的数据库服务器，而不是只依赖一个中央数据库服务器，会发生什么呢？在分布式系统中，单个请求可分为多个不同的部分，各个部分由不同的机器执行，这些机器位于数据库服务器的分布式网络中。尽管数据可能存在于多个站点，由软件管理，但对应用程序的用户而言，此时的数据库与集中式数据库的运转相似。回到之前的“宠物”例子，从理论上来讲，用户表和宠物表可以分别存储在不同的服务器中。

典型的分布式系统具备多个特点，其中比较重要的几个特点包括：局部自治（站点之间相互独立）、无中央站点、局部独立性（用户不需要知道数据的存储位置），以及其他让分布式系统工作起来和集中式系统几乎完全相同的特点。

“分布式”这个词语在技术领域十分流行，分布式处理也越来越受欢迎，它有如下优点：

- 高度理性：在一个典型的组织中，数据已经倾向于分布式。无论数据是在地方办公室还是部门内部传播，数据库都有逻辑区。因此，既然分布式系统有这么明显的优势，何不保留这种分布式特征呢？分布式系统可以分开管理数据而不需要想办法将其合并到集中式服务器中。例如，对百事公司亚洲分部来说，我们可以利用分布式系统存储它在亚洲区域的数据。
- 效率提高，性能优化：凭直觉来看，我们知道数据处理最接近发出命令的站点时效率最高。所以，数据存储应该靠近那些频繁访问数据的人。分布式系统可以最大程度地帮您高效分配整个组织的数据。此外，让查询分散至多台机器可以提高性能。
- 提高可靠性：因为相关信息可分配至不同的计算机（也可创建多个副本），所以与集中式系统相比，分布式系统突然崩溃的概率要低得多。
- 可调扩展性：分布式系统可横向扩展，这就意味着添加更多的计算机至系统中也比较容易。以 MyAppoly 为例，目前您在美国用五台计算机来存储信息，那么添加第六台计算机就比可纵向扩展（即为其中一台计算机增加内存）简单得多。第二章提到的亚马逊云服务之所以如此受欢迎，是因为相关组织能够根据自己的需求添加和删除服务器。分布式系统可调拓展性这一点让组织可以更有效地利用资源。所以，您如果只是偶尔使用大容量（如在网站上搞促销活动），就没必要购买更多的服务器。

分布式系统的缺点较少，但是也有。首先，因为数据可能存储在多个站点中，因此，将不同服务器中的数据整合到一起之后再进行数据查询要花更多时间。再者，从技术上来讲，分布式系统中 DBMS 提供的各种功能（保证数据的安全性、多用户对数据的并发管理等）使用起来比集中式系统更复杂。

其他话题

其他数据库管理要求涉及并发性、安全性和优化。

并发性

我想，您并不希望多个数据库用户发出的请求相互冲突。如果您的脸书好友屏蔽您的时候您刚好在给他们发消息，脸书会如何处理呢？这个问题就涉及并发性。

使用数据库的时候，并发访问指多个用户可同时访问数据库或多个事务可同时进行处理。鉴于 DBMS 支持并发性，它必须能够解决多个事务同时更改数据库时产生的难题。

例如，如果两名用户同时在美国最大的商户点评网站 Yelp 上发表对同一个餐馆的推荐建议，Yelp 该如何处理呢？知道 DBMS 有能力处理这个问题就够了，但是更具体的话，我们得了解：

- 丢失更新：当两个事务都尝试更新同一值时，其中一个事务的更新可能丢失。
- 未提交依赖：一个事务修改了数据，但是还没来得及最终确定就被另一个事务读取了。
- 不一致分析：如果两个事务的目标相互冲突，相关步骤就可能不一致。

通常，这些问题靠封锁（locking）来解决，即相关对象或值被访问前会加锁，只能接受一个进程的访问。封锁增加了每个进程之间的等待时间，以确保不会发生两个事务相互冲突或干扰的情况。

安全性

数据库安全漏洞经常发生。任何网站的客户都要求一定程度的保护，公司也必须确保自身数据的安全性。

DBMS 保护数据免遭未经授权的访问和不当的数据修改（即保持数据完整性）的方式有以下两种：

- 自主控制：在此模型中，每个用户都被授予一定的访问权限，可访问数据库中不同的对象。与强制控制相比，自主控制灵活性更强。
- 强制控制：通过强制控制，数据库中的每个对象都有一个分类级别，每个用户都有一个许可证级别。用户只能访问对应的分类级别中的数据对象。

实际上，DBMS 可以标记用户和数据，以确保未经授权的用户无法访问或操纵私有数据。作为附加检查，数据库管理系统会记录事务、事务时间和发起请求的用户。这些记录可用于跟踪可疑活动（详见第十二章）。

一些不能由控制系统马上解决的问题也可能出现，尽管数据库管理员会使用 DBMS 和其他工具来避免这些问题。信息流动从“有”到“无”就是一个很好的例子。例如，可能出现这样一种情况：拥有较高许可的用户以某种方式更改数据之后，其他用户访问该数据的许可就变低了。这种信息流动必须得到很好的控制。

另一个问题就是统计数据库会遇到干扰问题。MyAppoly 可能会用到的统计数据库并不能为用户提供其他用户的具体信息，但是能够提供用户群的统计信息。个人用户不愿其他人知道自己的隐私信息（工资、年龄等），但是允许这些信息在统计表格中匿名出现，从而实现信息的共享。但是也存在这样一个问题——特殊的过滤可能让他人推断出特定用户的信息，而这一做法实际上是不被允许的。例如，如果您想要知道剑桥市所有宠物是蛇的人的平均工资，但是该市养蛇的人只有一个，那么最后反馈的平均工资其实就是这个人的工资。DBMS 应该避免出现这种情况。

数据加密是一种保护数据安全存储与网络传输的方法（详见第十二章）。重要或敏感信息，如社会保障号码或信用卡信息，应该通过限制访问和信息加密这两种方式来加以保护。

总之，DBMS 等工具的存在让您能够保护数据。但是没有什么解决方案是万无一失的，这也是信息安全仍然受到威胁的原因。安全系统通过提高入侵系统的成本，使其高于潜在的入侵收益，从而达到震慑系统入侵行为的目的。

优 化

有多种方法可以优化数据库系统，使其占用更少的空间、更快地返回或更新信息。其中一种方法就是设计更有效的查询。例如，您想要知道有多少居住在加利福尼亚的人的宠物是蟒蛇，那么在蟒蛇宠物主中搜索加利福尼亚居民比在加利福尼亚居民中搜索蟒蛇宠物主要快得多。

优化数据库还可以在空间方面做文章，这就是冗余。数据间的冗余被清除后，数据的整合也就有望实现了。例如，在他档案里的每页纸上都写上患者姓名、保险计划和地址是一种浪费空间的行为。而在数据集合中，此类重复项会被删除，相关信息仅保留在关系数据库的一张表中。

在考虑众多其他因素之上还需要做到的一点，就是数据库设计必须是智能的。这种智能设计必须能够快速呈现您最需要的东西和更新变化最大的东西。否则，不管查询写得有多好、使用何种工具，一个有缺陷的数据库只能达到次优的效果，而且还会造成时间、金钱和空间的浪费。您应该只存储自己需要的信息，并将这些信息以合理的方式组织起来，从而使相互关联的信息能够放到一起。您存储信息的方式应该取决于您准备如何使用这些信息。

大数据

大数据与普通数据有何不同？早在计算机面世之前，相关组织就已经开始大规模收集信息，计算机面世之后，收集和存储的数据量大幅上升。现在的数据规模已经大到用传统的方法无法处理。此时，关系数据库因为成本高和限制条件多只能被弃用。而扩展性和灵活性更强的非关系数据库粉墨登场。为了让您对数据规模和增长情况有一个认识，在此举一个例子，2010 年创建的数据大约有 1.2 泽字节（即 1.2×10^{21} 字节）。[1] 作为对比，我们再来列一个数据，现在地球上大约有 10^{20}～10^{24} 粒沙子。您可以想象一下把这些沙子全部筛一遍的场景！如果您想让现有数据每两年翻一番也没问题，因为我们有很多数据存储中心。

在讨论一个人该如何研究这么多数据之前，我们先来了解一些描述数据的术语。第一个就是容量（volume），这一点从“大数据”这个名称中就可以很明显地看出来。信息量是一个很大的问题，这促使计算机工程师思考如何让分布式系统成为解决这一问题的答案。第二个术语是速度（velocity），指创建新数据的速率。例如，脸书创建数据的速度可能比 MyAppoly 快得多。脸书上每天都有大量的用户互动，所以它需要做一个重要的决定：我该保留哪些东西，删除哪些东西呢？购物网站也面临同样的困境。每次用户点击一个商品或输入搜索词的时候，公司就要确定用户是否需要保存这些信息。但是，保存信息过多可能会影响用户将数据转化为想法的速度。如果数据处理的延迟造成零售商不能快速为用户定制个性化网页浏览体验的话，那么那些能够快速提供

1　Jim Kaskade, “Making Sense of Big Data (webinar video),” 2010, http://www.infochimps.com/video/making-sense-of-big-data/.

良好体验的竞争对手就会拔得头筹。最后一个术语是多样性（variety）。如果数据来源途径广泛，形式多样，就会带来一系列难以处理的复杂问题。

您可以去告诉您的数据团队，数据的多样化对数据存储能力提出了挑战，目前的数据处理速度也会让容量有限的服务器不堪重负。更通俗一点来讲，您可能只需要对他们说："我们需要更多钱！"

假设您现在存储了大量各式各样的数据，那么仅盯着这些数据看，尤其当这些数据之间还没有明显联系的时候，要想获取信息是几乎不可能的。您可能在研究大数据时碰到的另一个术语是海杜普（Hadoop），海杜普作为一个软件框架，允许组织对它们的数据进行测试，从而有望解决和回答一些问题。如前几章所述，分布式框架是让我们具备存储和处理大批量数据能力的关键。海杜普将数据分散至一堆强大的处理器上，让它们并行工作以解读数据和研究信息。海杜普使用的主要方法是MapReduce，它由两部分组成：映射（map）和归约（reduce）。假设您现在有一些问题，想要从数据集中找到答案，而您的工程师编写的函数理论上可以给出正确答案。映射会将任务分成几个部分后分配给若干台机器。完成此阶段后，归约将每台机器给出的结果整合起来即可完成分析任务。因为没有哪一台机器能够按时完成这么多的任务，所以海杜普采取的各个击破的策略非常强大。其他工具（如Spark）也越来越受欢迎。

结　论

至此，您已经掌握了 MyAppoly 如何在后端运行、用户如何在前端与后端交互的相关基本知识，还了解了数据在其中扮演的角色。

第六章

利用现有代码：应用程序接口、库、开源项目

试想一下，如果没人能够利用他人的发明来设计新产品，人类社会的发展将多么缓慢！利用他人的创新成果进行发明创造至关重要。也许，针对这种疾病的药也适用于另一种疾病，用于制造耐用餐具的柔性玻璃可以用来制造不易碎的手机屏幕。我们一直都在寻找下一个最好的东西，但是如果每次都从头开始，那就没什么指望了。

幸运的是，MyAppoly 也不需要从头开始。MyAppoly 可以通过各式各样的方式利用现有代码。如果您想要在 MyAppoly 中插入地图，对您的团队来说，从头开始创建地图毫无意义，因为已经有很多公司投入大量的时间和资金完成了这项任务。例如，谷歌公司就允许相关开发人员使用谷歌地图，这也成为互联网 2.0 时代中网站和应用软件激增的重要推动因素。“别重新发明轮胎”这句很流行的谚语定义了科技世界，进一步推动了信息共享的发

展。互联网公司会认真保护自己的信息，但是总体而言，与过去的组织相比，它们更愿意分享自己的发现。这种合作文化在一定程度上解释了为什么美国硅谷能实现快速发展、高度繁荣和大量财富的积累。

比起把精力放在重新构建其他公司提供的代码上，您更想把精力放在那些可以让 MyAppoly 与众不同的东西上面。那么，有哪些现成可用的工具呢？本章将围绕应用程序接口（API：Application Programming Interface）的要点展开，还将涉及开源运动及其重要性。

应用程序接口

假设您想在地图上向用户显示最近的自动取款机的位置，并且接受信用卡付款，您的团队可以选择从头开始创建这些功能，而这会大幅增加您的开发时间。当然，您也可以选择利用他人的成果，如谷歌地图和 Stripe。有些 API 是免费的，而另外一些需要付费使用。您可以在 MyAppoly 中免费使用谷歌地图，但是 Stripe 处理的每笔信用卡付款都要收取小额费用。将一家公司的产品应用于另一家，这种轻松整合科技的能力让很多初创企业快速发展，进而在比较短的时间内走向成熟。当然，MyAppoly 不仅可以利用他人创建的 API，还可以发布自己在这一领域的研发成果。如果其他公司依赖 MyAppoly 的 API 提供的数据和功能，那您的公司将变得更具吸引力。

使用他人创建的应用程序接口

使用 API 的优缺点如下：

优点：

- 相对优势：如果使用他人创建的 API，您就能把精力放在提升自身核心竞争力和价值诉求上。正如传统企业会将一些不那么重要的任务（如文档编辑和报销）外包出去，您也可以将前文提到的处理付款和创建地图的任务外包出去。
- 节约开发时间：将自己的非核心业务外包给其他公司，使用这些公司的 API 能帮您的研发团队节约时间。您不仅节约了创建这些功能的时间，还节约了后期维护的时间。
- 利用他人的专业知识：公司通常会在自身具备核心竞争力的领域发布 API。不管这些 API 提供的是信息还是功能，这些公司很可能在它们的开发上投入了大量时间。尽管您的团队在这方面也能做得很好，为什么不让那些专门负责解决这方面问题的公司来做呢?

- 访问信息：许多 API 提供数据访问权限。通常这些数据在该公司的网站上能够找到，但是其格式不适用于大规模收集。而通过 API 获取的数据虽然不变，但是操作起来更容易。天气 API 就是一个很好的例子。该网站可能会向您展示随着时间推移一个城市的每日天气，但是设想一下您要做一个有关全球变暖的研究，需要收集过去 50 年里 10 个城市的每日天气数据，手动记录每个数字是一项单调又乏味的任务。利用天气 API，您就可以立即访问和下载自己所需的所有数据。

缺点：

- 依赖性：如果某个 API 所属的公司决定更改相关政策或停止提供服务，您的网络应用程序将无法正常运行。这种风险是任何依赖第三方的企业都会遇到的。这些第三方公司有很多大客户吗？它们是否运行良好？它们提供的 API 一直可以使用吗？这些问题的答案可以帮我们预估该 API 的可信度。
- 非定制：还有这样一种可能的情况：市面上的 API 都无法满足您的确切需求。API 提供整体解决方案，但是这些方案可能并不适用于您的网站。因此，我们可以让自己的网站使用相关 API 提供的功能，也可以从头开始创建完整的功能以获得全方位的功能体验，这两个选择可能相互矛盾。

权衡上述优势和劣势之后，您的选择将决定您最终使用具备何种功能的 API。您只需要记住，利用现有代码是行业趋势，过度的保守主义可能让您落后于 MyAppoly 的竞争对手。

提供应用程序接口

假设 MyAppoly 允许用户将随机的笔迹样本与相关个体进行匹配，这样一个工具就可能用于法医鉴定、电子支付认证和历史研究。而要想实现这些场景应用，推出一个 MyAppoly API 不失为一种好办法。这一办法的优势如下：

- 扩展客户端集成：如果您想让不同的潜在合作伙伴都能访问自己的数据或使用相关功能，为每个客户提供定制解决方案需要大量的时间和资源。所以，为什么不将相关接口标准化为 API，让您的合作伙伴在您提供的参数范围内访问他们想要的内容或使用相关功能呢？
- 他人对您的依赖：如果您的 API 是好几家公司正常运作必不可少的部分，那么您就为自己的公司提供了一种附加值来源。其他人依赖你。以所有在脸书上搭建的第三方应用程序为例，如果有一天脸书不复存在，您可以想象一下会有多少家公司倒闭。毫无疑问，其他公司对脸书的依赖是其价值和成功的后盾。

- 多种访问方式：用户如果想要换一种方式使用您已经在应用程序上公开的信息，他们可以通过 API 来获取。这种替代访问方法能扩大您的市场。
- 收入来源：付费使用API可以为您提供可观的收入来源。
- 更多数据：每次有人调用您的 API 时，您可以记录相关访问信息。这些数据也许能帮您定位行业新趋势或创建新功能的机会。
- 品牌价值：即使您提供的 API 可免费使用，它的广泛应用最终还是能以企业形象和声誉的形式为您带来价值。这种方式不仅能帮您确立在该领域的领导者地位，还能支持知识共享。

当然，您也得考虑使用 API 的缺点：

- 资源：API 的使用也会带来工程设计和维护上的一系列挑战。您必须确保数据源的更改不会影响 API 的正常使用。例如，如果您想扩展数据集使其能够接受音频文件，那么您必须更新相应的 API。最后，那些试图将

API 嵌入应用程序的开发人员可能需要用户支持和解释相关功能的文档。没有用户支持的 API 处境往往十分艰难，最终会走向失败。如果您想为用户提供 API，请务必提前了解这将是一个需要投入大量资源的过程。

- 安全性：API 允许用户访问您的数据，但是它作为一个门户也有漏洞，会让您不想分享的信息遭到用户的不当访问。但是，API 的快速发展表明，这些风险是可避免的，也是可控的。
- 费用：每当开发人员通过发送“调用”或“请求”指令使用您的 API 时，MyAppoly 必须采取行动以做出回应。那么，处理这些请求的费用又由谁来支付呢？当然是您自己！在发布一款 API 之前，您需要就支付处理请求的费用制订相关计划。

API 是否成功取决于开发人员学习、应用、整合它的难易程度。

应用程序接口如何工作

API 背后的技术细节可能十分复杂，但是基本要素比较简单。API 是一种软件到软件的接口。应用程序之间可以相互交流且不需要您的参与。例如，如果 MyAppoly 需要向用户显示天气，那它就会和天气 API 进行交流（即“申请调用”）以获取最新的天气报告。

其中，直接访问天气预报网站来查询天气是一种方法。或者，您可以使用 API 来达到自己的目的，使用这种方法的话，您不需要通过浏览器访问天气，而是用 API 写成的代码来获取自己所需的信息。但是，您怎么知道该写什么呢？其实，API 提供的文档会告诉您哪些是有效请求和如何准确撰写它们，和编程语言相似。所以，阅读完 API 的相关说明和规则后，您就可以指定使用 getWeather 来获取天气信息。API 接收到相关请求之后，会与服务器交互以获取您需要的信息，然后将结果以 XML 或 JSON 等易于理解的形式反馈给您。从理论上来讲，您可以通过 API 获取所需的一切信息（取决于 API 允许的操作范围），而不需要再次通过浏览器访问相关网站。

从此示例中我们可以看出，API 是为软件开发人员设计的，可以将其定义为“能够作为软件开发的基础的一套例程（通常指函数）和相关协议”。API 让用户能够通过安全通道连接至应用程序，然后使用代码运行函数以获取信息或借用功能。

描述性状态迁移（REST：Representational State Transfer）和简单对象访问协议（SOAP：Simple Object Access Protocol）是两种比较流行的 API 类型，我将在下文详细讨论它们。

描述性状态迁移

REST是由罗伊·托马斯·菲尔丁（Roy Thomas Fielding）博士提出的一种软件架构风格，可以提高网站的可伸缩性。每个请求都由两部分组成：端点（或URL）和包含请求的消息。该消息又由以下若干部分组成：开发人员ID（或“秘钥”，这有助于跟踪是谁在发出请求及其发出请求的频率）、所需操作（如getWeather），以及能为用户请求提供更多信息的参数（如getWeather今天和昨天的天气）。所有这些信息都在URL中由HTTP的GET请求发送给API。然后API会解码该请求，与服务器交互以完成所需操作，最后将响应返回给用户。

简单对象访问协议

SOAP最早由微软公司于1997年推出，是使用HTTP从远程服务器那里获取数据的另一种方式。如前文所述，REST将请求的具体内容放在URL中，但SOAP以XML文档的格式发送请求的具体内容。这个XML文档必须满足网络服务描述语言（WSDL：Web Services Description Language）文件的规范。从某种程度上来说，使用SOAP就和用信封寄信发送请求一样（将请求的具体内容隐藏了起来），而使用REST就和用明信片发送请求一样（所有的人都可以看到明信片上的内容）。不过两者的传输都通过邮件或 HTTP 来实现。

比较描述性状态迁移和简单对象访问协议

我们可以从以下几个方面来比较 REST 和 SOAP：

- 开销：REST 请求只限于 URL，而 SOAP 请求需要整个文档来描述，后者更大，所需开销也更多，而且消息的不同部分包含更多定义该请求的信息。
- 透明度：类比前文提到的信封和明信片，REST 请求的内容都暴露在外，因此更容易监控，而 SOAP 请求只能看到端点 URL 的地址。
- 开发时间：开发 REST 类型比开发 SOAP 类型通常快得多，具体取决于程序员的专业程度。
- 灵活性：因为 SOAP 使用 XML 文档作为消息，所以和 REST 请求比起来容纳的信息更多，这让 SOAP 的灵活性更强。

身份认证

如本章开头部分所述，您可能想要跟踪是谁在使用您的 API，以及它们发出请求的具体内容。您可能还希望与使用该 API 的用户交流，以确保数据的准确性与连接的安全性。身份验证的方法如下：

- 开放式 API（无身份验证）：假如您并不想跟踪用户，API 的使用是毫无障碍的，代码可以自由分配，您也不需要管理请求。如果您只对匿名的聚合数据感兴趣，并不关心个人的具体行动，也无意控制 API 的访问，那开放式 API 不失为一个颇具吸引力的选择。
- 基于消息的认证：相关凭证（如开发人员独有的秘钥）可以放在 API 请求中作为消息的一部分传递下去。或者，信息也可以放在请求的 HTTP 报头中传递下去。
- SSL 端点：这一方式可以帮助客户端跟踪服务器。客户端收到服务器证书后，可以检查它是否更改过。如果确实更改过，那么信息来源可能不是服务器，这些信息也就不能信任。这种验证方式可以防止攻击者冒充他人。鉴于 SSL 端点无法帮您识别客户端，它得与其他验证方式配合使用。
- 客户端证书：您可以配置 API 以创建证书，这样每次客户发出请求时，都可以将该证书通过安全通道发送给客户以进行认证。尽管客户端证书是身份认证的一种有效方法，但是这种形式的认证可能相当慢。

JavaScript 对象表示法

除了第四章和第五章提到的 XML，您还可能遇到另一种格式化语言：使用可嵌套的名称 / 值对集合的 JavaScript 对象表示法（JSON：JavaScript Object Notation）。例如，一本书（对象）就有很多描述作者、标题和出版年份的名称 / 值对。许多 API“返回”的响应格式是 JSON 而不是 XML。这就是构建同一信息的不同方式。

库

库（library）是代码的集合，这些代码可以定义下拉菜单或动画弹出窗口等常用功能。例如，您可能创建一个数学变量与函数库。您可以分享自己的库，这样那些想要在自己的软件中用上这些数学知识的人可以导入您的共享库，节省不少时间。共享代码和库可以减少开发时间和开发人员数量。

另一方面，如果您的系统是在他们贡献的软件上搭建的，您在多大程度上信任它呢？这个问题并没有正确答案，但您得代表您的团队进行明智的判断。

开　源

API 和库都可以传播信息，而开源项目的增长与其紧密相关。要想好好地解释开源（open source），我们首先得了解软件开发的历史。

虽然很难想象，但曾经有那么一段时间，所有的软件开发权都属于研究人员，软件开发往往在大学里完成。相关发现也可不受任何限制地分享。毕竟，所有的研究都是为大众谋福祉。20 世纪 60 年代，像 IBM 这样的公司就沿用了这一习俗，所以，它们在发布第一批大型商用计算机时，就允许大众免费使用自己的软件。随着技术的发展、竞争的加剧和硬件价格的下降，很多公司发现软件其实可以作为支持其业务发展的一大收入来源。未经公司许可的软件商业化、财产私有化和任何盗版行为都是违法的。

麻省理工学院的理查德·斯托曼（Richard Stallman）对这种文化上的变化备感不安。考虑到麻省理工学院会控制自己的项目，影响项目的发布，斯托曼最终离开了这所大学，继续自己的

GNU 软件研究，GNU 是一个完全由免费软件组成的计算机操作系统（类似 Window 或 Mac OS 的免费版本）。随着斯托曼事业的发展，他反对软件商业化、提倡平等使用的理念鼓舞了一大批人。1985 年，他创立了自由软件基金会（FSF：Free Software Foundation）来支持 GNU 项目的发展。1988 年 FSF 颁布通用公共许可证（GPL：General Public License），让用户能够根据“著佐权”（copyleft）原则自由使用和访问公共软件。和保护所有人权利的“版权”（copyright）不一样，“著佐权保护他人复制、发行和修改作品的自由”。

GPL 的声明对私有软件商业化这一观点提出了质疑。20 世纪 90 年代，人们对“自由”一词产生了误解。FSF 的“自由”指用户有自由使用的权利，而不是价格上的免费。[1]

根据 FSF 的定义，“如果某个程序的用户具备以下四个基本自由，那这个程序就是自由软件”：

- 出于任何目的运行该程序的自由（0 号自由）。
- 研究该程序如何运作并让它适应个人需求的自由（1 号自由）。因此，用户必须能够访问源代码。
- 自主分发副本以帮助自己邻居的自由（2 号自由）。
- 改进程序并将改进方法分享给大众，从而让更多人受益的自由（3 号自由）。同样地，实现这一自由需要能够访

1　英语单词 free 有多重含义，既可以指自由，也可以指免费。——编者注

问源代码。

在宣传过程中，FSF 使用了“言论自由，而非免费啤酒”这样的口号，试图纠正“自由软件反对商业软件”的误区。

第三章已经提到了，组成程序的代码被称为“源代码”。要想阅读、理解和更改源代码，就必须对公众开放源代码——开源。但是，认定一个程序是否为开源代码，源代码可供访问只是必要条件，而非充分条件。所有人都必须能够按照自己的想法不加任何限制地使用这些代码。1988 年成立的开源促进会（OSI：Open Source Initiative）对开源代码的定义如下[1]：

> 开源代码并不仅指能够访问源代码。开源软件的发行条款必须满足如下标准：
>
> 1. 自由分发：许可证不能限制任何团体销售或赠送软件，软件可以是几个来源不同的程序集成后的软件发行版中的一部分。许可证不能要求对这样的销售收取许可证费或其他费用。
>
> 2. 源代码：程序必须包含源代码，必须允许程序以源代码形式和编译后的形式发行。以任何形式发行没有包含源代码的产品，都必须非常醒目地告知用户如何通过互联网免费下载源代码。源代码必须以程序员修改程序时优先选用的形

1 “The Open Source Definition,” http://opensource.org/osd, n.d.

式提供。故意扰乱源代码是不允许的。

3. 派生程序：必须允许更改或派生程序，这些程序的发行版可以有与初始软件相同的许可证。

4. 作者源代码的完整性：只有当许可证允许在程序开发阶段为了调整程序将“修补文件”的发行版与源代码一起发行时，许可证才能限制源代码以更改后的形式发行。许可证必须明确地允许以更改后的源代码编译的程序发行。许可证可以要求派生程序使用与初始软件不同的名称或版本号。

5. 无个人或团体歧视：许可证不能歧视任何个人或团体。

6. 无领域歧视：许可证不能限制任何个人或团体在任何领域使用该程序。例如不能限制程序应用于商业领域或基因研究。

7. 许可证发行：伴随程序的相关权利必须适用于所有的分发版，不需要在分发时使用额外的许可证。

8. 许可证不能专属于某个产品：伴随某个程序的权利不应取决于它是某个软件发行版的一部分。如果程序是从该发行版中摘录出来的，那么应该在使用或发行时采用该发行版的许可证，分发的所有程序都拥有与软件发行版相同的权利。

9. 许可证不能排斥其他软件：许可证不能限制随该许可证软件一起发行的其他软件。例如，许可证不能要求所有与其一起发行的其他软件都是开源软件。

10. 许可证必须保持技术中立：不能根据任何个人技术或接口样式来推断任何条款。

大约在这时，红帽公司（Red Hat）成立了，它致力于培训用户学会使用 Linux 计算机操作系统，是第一家整体商业模式都聚焦著佐权产品的公司。开源系统开始挑战包括微软在内的大型软件公司的地位。[1]

从那时起，越来越多的开源许可证出现了，如网景通信公司发布的 Mozilla 公共许可证。如今，开源文化的发展主要由约 50 个开源许可证体现，它们已获得 OSI 的批准，大致可以分为以下两类：

1. 学术许可：大学通过学术许可将自己的研究分享给大众，允许自己的软件和源代码被使用、复制、修改和发行。伯克利软件发行（BSD：Berkeley Software Distribution）许可就是典型的学术许可，代表的是无附加条件的方式。所有获得学术许可证的代码将被添加至代码池中，可用于任何目的，包括创建商业软件。您可以从代码池中借用代码而无须做任何贡献。

2. 互惠许可：代码通过互惠许可进入开源软件代码池。

1　具体例子有 Vinod Valloppillil, "Open Source Software," Microsoft Memorandum, August 11, 1998。详见 http://catb.org/~esr/halloween/halloween1.html#quote8。

任何人出于任何目的都能使用代码池中的代码，但是如果您选择散布自己新建的代码，那么这些代码必须在同一许可证下发布。换句话说，您可以利用这些代码创建新的东西，但是必须将自己的创作成果分享至代码池以供他人使用。GPL就是典型的互惠许可。

很多人担心开源代码的质量。评估开源代码质量的指标包括可靠性、性能和拥有成本。其他的一些指标还包括可迁移性、灵活性和自由度。无论您选择哪种评估指标，最重要的是利用现有代码的优势是否会被依赖他人的代码和系统的固有风险抵消。尽管如此，仍然有好几个开源项目的复杂度和质量标准可与商业软件一较高下。

软件开发工具包

顺便说一句，您可能经常在 MyAppoly 团队讨论移动应用开发（详见第十三章）时听到软件开发工具包（SDK：Software Development Kit）这个术语。为了方便开发人员开发某个平台——如支持苹果手机的 iOS 软件，平台提供商可能提供一个 SDK。这个 SDK 可以下载，包含开发人员为平台搭建应用程序需要的一切东西，如文档、集成开发编辑器（详见第三章）、API、其他有用的库，以及用于调试、查找错误或跟踪性能的相关工具。其目标就是让事情变简单，所以，可以有效使用的组件越多越好。

结　论

深入了解 API 和利用现有代码的其他方法之后，您的团队草拟了一个完整的开发计划。关键 API 和共享库的使用有助于加速开发计划，但是您的团队计划放弃使用某个 API 或库，因为它无法满足 MyAppoly 所需的全部功能。此外，好几个他人贡献的库和工具因为性能不佳和可靠度不高被排除在外。关于 MyAppoly 的开发工作，您必须在内部处理和外包之间寻找平衡点。如果做好了决定，您的团队就可以着手开发工作了。不过，团队成员之间又是如何协同工作来搭建 MyAppoly 的呢？

第七章

软件开发：团队合作

除非您以合理的方式组织自己的工程师，“厨师多了烧坏汤”这句谚语同样适用于编程。

在过去的数周里，您花了不少的时间来组建一个工程师团队，他们了解前端、后端和数据库交互，摩拳擦掌，准备为 MyAppoly 编程。在开始之前，您想要制定一些合作准则。他们该如何协同工作？两个人能否同时处理同一个文件？一个工程师如何理解另一个工程师已经完成的任务？

对任何技术性工作来说，这些问题都是十分重要的。各式各样的设计原理和工具都支持以团队为基础的编码，这样工作更快速、更安全。为了与自己团队里的工程师交流，您需要了解相关原理和工具的术语，尤其是版本控制系统。

文　档

对工程师们来说，向队友解释代码的最简单方法就是添加注释。每种编程语言都允许程序员在特定的代码行或代码块旁边添加注释来解释自己的工作原理或内容。注释示例如“更改用户密码”或“将用户添加至数据库”。有了这些注释，后加入的工程师也可以快速学习代码库，程序员也可以有效地改进自己不熟悉的代码。这些英语注释可读性强，便于项目经理更加高效地检查代码。注释是文档的一种形式，主要包括对代码流程或功能的解释与说明。文档通常以段落的形式呈现，帮助项目经理更快地理解某一重要功能的设计和实现。如果 MyAppoly 的上级主管想创建一个允许该软件处理信用卡支付的新功能，他们可能想要用一些段落来说明该功能如何与程序的其他部分整合、代码的工作原理、代码的储存位置、逻辑的运行方式、使用的 API 等。

除了这些外部注释，编码风格对团队来说也很重要。此处的风格（style）包括定名规范（即您在程序中如何命名变量）、缩进和空格的使用、注释的结构等。假设现在代码询问用户名称并将其保存到数据库中，某个工程师可能会设置文本格式，将存储用户名称的变量命名为“名称”（name）。而另一名工程师对该变量的命名可能不这么直白，例如“变量 293”（var293）。“名称”显然比“变量 293”更容易理解。这些编码风格很重要，所以，制定详细的编码风格说明书以供所有工程师使用是一种常见做法。

很多编程语言也有自己的风格指南或编码规范。如果 MyAppoly 的工程师遵守这些规范，那么不同功能的格式和标记将保持一致，后加入的工程师也能更加轻松地参与协作和检查代码。

程序架构

您可以通过多种方式来组织 MyAppoly 的代码。从第三章到第五章，您学习了代码如何执行程序的逻辑、显示用户看到的内容、与数据库交互。如果把这些代码都集中在一起，该程序势必运行缓慢且难以管理。想象一下，如果将一个程序的所有代码都放到一个文件里，面对数百万行的代码，工程师该如何着手开始编辑呢？

幸运的是，编程是一项成熟的操作，聪明人已经想出了更好的方法来组织代码。这些设计原则不仅能够提高效率和代码性能，还有利于更好地进行协作和提高代码的可维护性。

多层应用程序框架是最常见的代码组织类型。其中使用最为广泛的是三层架构。第三章到第五章已经或多或少讨论了三层架构中涉及的“三层”。第一层涉及与数据库有关的所有事物，通常称为“模型”（见第五章）。第二层是控制器或应用程序处理层，该层包含程序运行所需的逻辑，且与程序的后端相连（见第三章）。第三层为用户能够看到的所有内容，即“视图”或“呈现”（见第四章）。还有好几种架构，但我会重点讨论为什么这些架构一开始就存在，而不会详细地分析架构之间的不同之处。

首先，这些架构支持并行工作（这一设计原则通常被称为“分离关注点”）。这名工程师对模型的操作不影响另一名工程师对 MyAppoly 的呈现。控制器工程师可以告诉模型工程师：“我不在乎您怎么做，但是我需要知道用户的名字。”因此，视觉工程师和控制器工程师如果有方法获取用户名，可以继续编码而不用担心进入数据库获取用户名字的代码。模型工程师也可以告诉控制器工程师和视觉工程师：“您如果需要用户名字，可调用 getUserName（获取用户名）函数。您如果需要用户位置，可调用 getUserLocation（获取用户位置）函数。”然后，模型工程师就可以用任何方式对数据库交互进行编码。从这个例子中，您可以看到该应用程序的三个部分可以相对独立地进行开发，负责每个部分的工程师不需要关注其他部分的编程细节。

再者，这些架构可维护。假设控制器工程师告诉模型工程师他们需要用户名、地址和邮政编码，模型工程师会编写三个函数，然后从数据库中获取这些数据，将其交给控制器工程师。控制器工程师再将这些数据传递给视觉工程师，他们在将这些数据显示给用户之前可对这些数据进行操作。三个月后，工程师们发现模型代码获取信息的效率太低。幸运的是，视觉工程师和控制器工程师不用更改任何内容。模型工程师可以通过更新函数来提高性能，除此之外不需要改变应用程序中的其他内容。如果团队没有使用定义明确的架构，该数据库代码可能位于任何文件中，这会让查找和更改与数据库相关的代码变得更加困难。

最后，选择使用这种架构的第三个原因是代码的可复用性。假设视觉工程师想要在每个页面上显示用户名，而重写数据库代码让网站的每个页面都显示用户名的方法效率很低。相反，视觉工程师和控制器工程师可以调用同一 getUserName 函数，该函数可以进入模型进行查找以获取用户名。这种抽象化让工程师们能够高效经济地使用代码。

上述三个优点有一个明显的共性：缩短开发时间。构建和维护产品可以更快，这样我们可以将宝贵的时间投入到更多的增值活动中。

版本控制

一个程序的架构有助于分割功能，以便多个工程师可以同时处理给定的项目。但是分割功能并不等于完整的解决方案。工程师团队如何有效地协调他们的编程工作？一个人如何通知团队他们已经更新了某一文件？将更新文件通过邮件发送过去吗？如果您是需要更新文件的工程师，您怎么知道自己正在使用的代码是最新版本呢？

也许，您将错误带到了代码中，想回到旧版本。如果遇到这种问题，又该如何解决呢？版本控制（revision control）又称源码控制（source control），指的是对文件变更的管理。您的团队可能会使用版本控制系统（如 Git 或 Mercurial）来解决问题。我们将讨论不同版本控制系统的功能及其优势。

解决冲突

多个工程师协同处理某个项目时会遇到一些问题，而解决这些问题有两种主要方法：文件锁定和版本合并。

文件锁定是一种防止同时访问给定文件的方法。以一个包含文章的标准文档为例，如果两个人同时编辑这篇文章，我们如何确定应该接收谁的编辑呢？这些编辑可以合并吗？文件锁定赋予第一个打开该文件的用户“编辑”权限（即编辑该文件的权利），对其他用户来说，该文件依然是锁定的。如果另一用户试图打开这个锁定文档，他只能查看该文件（“阅读”权限）。文件锁定的好处是可以避免合并两组编辑时产生的各种复杂问题。当 2 号工程师打开已经被 1 号工程师编辑过的文件时，两个人都会收到通知。但是这个方法也有缺点：2 号工程师得等 1 号工程师完成编辑，这会造成开发过程的延迟和开发速度的减缓。假设现在出现了最坏的情况，1 号工程师打开文件之后请了好几天的病假，2 号工程师要么被锁定在文件之外好几天，要么申请获得更高级的权限来强制解锁文件，该过程就是文件解锁。另一个缺点是该系统给人一种虚假的安全感。相互支持的两个文件可由不同的工程师锁定，修改文件可能导致它们不兼容。

另一种解决冲突的主要方法是版本合并，即允许多个用户编辑单个文件。几位工程师完成同一文件的编辑之后，系统会帮忙合并这些更改。当不同的工程师负责某一文件的不同部分时，合并很容易，就像这名编辑负责修改论文的摘要，而那名编辑负责修改结论。如果两个工程师以不同的方式修改文件的同一部分，则会产生一些需要手动解决的“冲突”。尽管“冲突”一词听起来让人压力倍增，很多人还是觉得这一系统工作起来更顺畅，因为浪费的时间更少。只要工程师们负责的不是文件的同一部分，就几乎不会产生冲突，合并过程也十分顺利。对基于文本的文件来说（如代码或文档），这个过程效果很理想，因为文本的对比和合并比较简单。对并不容易比较的音乐和艺术文件来说，文件锁定是更好的选择。

集中式 VS. 分布式

版本控制系统要么是集中式的，要么是分布式的。在集中式系统中，所有的代码都储存在中央服务器中，称为主存储库。每当工程师想要打开或保存文件时，他都必须连接网络以访问中央服务器。该模型被称为“客户端-服务器模型”，类似检索网站的模型。尽管代码的完整副本存在客户或工程师的计算机中，所有的文件更改历史记录都保存在主服务器上。如果出于某种原因，中央服务器出现了故障，代码及其历史记录会丢失或暂时无法获取，这也被称为“单一故障源”。

在分布式模型中，整个代码库和历史记录（存储库）的多个副本存在为该项目工作的工程师的计算机里。工程师可以在不联网的情况下打开和保存文件，还可以更快地执行相关功能。尽管分布式系统也可以使用集中式服务器，每名工程师还是有一个存储库的本地副本，此处的存储库会随文件的更改而更新。每个本地副本（或工作副本）实际上是一个备份。基于这些原因，分布式模型越来越受欢迎。

版本控制的优势

版本控制允许工程师提交代码更改，还能独立且有序地跟踪每个更改。因此，工程师们可以看到文件编辑的完整时间线，可以快速恢复旧版本，甚至恢复整个代码库。而且每条编辑都附有工程师的注释，用来解释对应的更改。后续加入的工程师轻轻松松就可以知道谁应对此次更改负责，而且如果有必要，还可以要求之前的工程师进一步说明。

鉴于版本控制系统只跟踪文件的更改（或差异），它运行起来还是很快的。例如，如果您只是在书中添加了一个句子，那么您可以快速描述自己的编辑，包括在哪里插入了这个句子，具体插入了什么句子，而不需要拷贝全新的版本。同样地，版本控制系统跟踪两样东西：更改位置和更改内容（添加或删除代码）。保存好之后，这些更改被发送至代码库的主版本中，这也意味着其他工程师始终能够访问代码库的最新版本。

版本控制的另一显著优势，是两名工程师可以运用自己的副本独立处理不同的功能。如果相关功能编辑的不是同一代码，那么进行功能合并还是很容易的。否则，版本控制系统需要一个冲突管理系统来让两个功能的代码合并起来更容易一些，或者一开始就使用文件锁定来阻止冲突的发生。

版本控制还允许工程师标记（tag）代码库的各种状态。之前已经讲过，版本控制系统允许查看之前的代码库。您可能想要在某个特定时间为代码库添加书签。例如，将已发布的代码库标记为"1.0版本"。同样地，您可能想将通过良好测试但尚未发布的代码标记为"测试版"，或将最近做的更改标记为"最新版"以便访问。

结　论

团队编程可能会遇到一些障碍，但是如果使用合适的风格指南、程序架构和版本控制系统，团队成员将能够更有效地进行协同工作。下次有人跟您说“厨师多了烧坏汤”时，让他试试 Git 吧。

第八章

软件开发：流程

从2008年起，埃里克·里斯（Eric Ries）在资源组织和流程设计方面为企业家们提供咨询服务。到2011年，他在《精益创业》一书中列出了他总结的方法论，这本书的出版发行还催生了精益创业运动。[1]这本书强调在产品开发中重视源源不断的反馈并以此为驱动力，这也契合本章的内容。

您的首席技术官说MyAppoly必须有一个定义明确的流程以用于产品开发。您应该每个月发布一个新功能吗？在将这个新功能展示给团队之前，会有人构建和测试它吗？软件开发的流程是什么样的呢？这个流程又该如何管理呢？本章并不直接涉及网络应用程序的技术层面，但是软件开发的任一流程都必须考虑软件生产的复杂性和不可预测性。充分了解软件开发团队的工作方式将让您成为一个更优秀的经理。您的团队会告诉您软件开发流程

1 Eric Ries, *The Lean Startup: How Today's Entrepreneurs Use Continuous Innovation to Create Radically Successful Businesses.* Crown Business, 2011.

的设计（即产品是如何开发出来的）。如果没有一个大家一致认可的流程，整个开发会处于混乱状态，终将以失败告终。

瀑布模型

瀑布开发模型由不同阶段组成，这些阶段有其固定顺序。假设您现在正在市场上找一栋新房子。首先得祝贺您要买房子了！但是您没有找到自己心仪的房子，所以您决定自建一栋住房。

首先，您要和建筑师碰面，提出时间计划和相关要求，包括很多细节，如建筑材料、房间数量和理想的浴室类型。确定好这些要求之后，您可以和建筑师一起画出房子的设计图。接下来，您需要找一个施工团队，然后就可以破土动工了。总承包商让您十个月之后再回来看，那时整栋房子就竣工了。房子建好以后，您会去看看，到处转转。从某种程度上来说，您其实是在检测房子是否符合要求。如果墙壁上没有窟窿，楼梯也没少，您很有可能会搬进新房子里，甚至还会邀请我参加您的乔迁宴。整个建房过程，就遵循了瀑布模型的五个阶段：需求，设计，实现，验证，维护。

在这里，输入和输出的定义明确，回到前一个阶段的代价高昂。例如，如果您想要在施工阶段改变房屋布局，您得想想拆除、重新设计和重新施工的成本。考虑到这一点，瀑布模型建议在进入下一个阶段之前，敲定整个项目的所有细节。

更合适的方法

如果您已经接触过软件开发，那么您应该知道弄清整个项目的所有细节是不大可能的。谁知道几个月后又有哪些技术会被淘汰呢？也许我们想要使用的就是这些技术。如果代码无法按照我们期待的方式运行，我们该怎么办呢？我们可能需要换一种方式操作代码。如果初始页面布局太混乱，我们该怎么办呢？这所有的问题会经常出现，所以长期有序的流程不一定适用于软件开发。此外，与房屋建筑不同的是，软件会为快速迭代提供空间。而且通常来讲，软件开发不需要像建房子那样投入很多资金。所以，支撑瀑布模型的那些特点并不适用于软件。

迭代式增量开发

20 世纪 60 年代，一种被称为迭代式增量开发（IID：Iterative and Incremental Development）的演化模型出现了，最终被许多软件开发人员采用。它将长期的瀑布模型分解为多个小项目，即迭代。例如，我们可以将 MyAppoly 的构建分解为多个功能的开发，如转账、上传照片、导出数据到电子表格。这些迭代共同构成整个项目，但是每个迭代又是最终目标完整独立的一部分。从技术角度出发，导出数据到电子表格这一功能独立于上传照片这一功能。每个增量迭代都会为现有产品增添新的内容，而“调整”迭代能够改进已有功能。

IID 建议每次迭代应在 1～6 周之内完成。这些迭代的开发有期限，我们称其为“时间盒”（timeboxing）。1955 年，西里尔·帕金森（Cyril Parkinson）明确提出了以自己名字命名的帕金森法则，指出“工作量的增加只是为了填满完成这一工作时可利用的时间”。[1] 帕金森法则表明，如果您有一个星期来做完实际上两天就可以完成的事情，整个迭代仍会花掉一周的时间，因为您的工作效率低下。但是，时间盒可以帮您阻止这种拖延，还能防止有限工作的不断扩展。假设某个功能的时间盒是一周，但最终它在技术上变得更加复杂，那么当时间盒快结束的时候，我们可以重新评估这个功能，只有当它是优先考虑事项时，我们才会选择继续完成该功能的构建。

我们需要快速迭代来适应软件开发中的不可预测性。您可以对某一功能进行多次迭代，这样整个开发模型就不会像瀑布模型那样非得按照严格的顺序来。如果您将此流程应用于房屋建设，那么每次迭代可能就是打造一间单人卧室。后续迭代可以增加不

1 Cyril Northcote Parkinson, “Parkinson’s Law,” The Economist, November 19, 1955. 详见 http://www.economist.com/node/14116121。

同类型的卧室，甚至还可以根据先前迭代的反馈来翻新某间卧室。

与 IID 有关的一个问题是优先级。如果有人将某大型工程分解为多个迭代，那么应该首先处理哪些迭代呢？IID 有两种优先级排序方法：风险驱动和客户驱动。风险驱动这一方法建议首先处理项目中风险最大的部分。这些迭代可能包含应用程序中最重要的部分，或者最复杂最容易失败的部分。优先处理这些迭代，您可以更加确信这个项目是可行的，能够按照预期发展。客户驱动这一方法指的是用户反馈和需求会影响优先级。这种反馈驱动型决策提供了开发人员重视的灵活性，克服了瀑布模型的刚性，能从本质上体现革命性和适应性。这些优先级排序策略互不排斥，十分有利于组织团队内部的讨论。

发布（delivery）和迭代（iteration）有区别：并非每个迭代都会发布出去（供用户使用）。例如，在发布新版本之前，您可能想要构建几个功能。也就是说，发布之后的反馈可能影响之后的迭代和发布，所以定期将迭代发布给用户有其明显优势。

灵敏开发

现在，许多公司已转向灵敏开发。灵敏开发和前文提到的 IID 一样，是组织和管理的一种理念。有的人认为它就是一种 IID，而其他人认为它借鉴了 IID 并在其基础上有显著扩展。无论您持何种立场，几乎每个人，从业内巨头到崭露头角的初创公司，都想声称自己拥有灵敏开发流程。

灵敏开发和 IID 有很多共同点。产品待办事项表包含许多尚未完成的事项，它们主要按照优先级排列。不同的团队同时负责多个迭代，完成迭代后马上将其发布给用户以获取反馈，所以与大多数 IID 相比，灵敏开发为客户与开发人员创造了更多合作机会。这些反馈会为产品待办事项表增加内容，还会变更相关内容的优先顺序。灵敏并非指团队流程速度的提高，而是一种描述构建团队流程方法的理念。它有四个核心原则：

- 个体和交互胜过过程和工具
- 有用的软件胜过面面俱到的文档
- 客户合作胜过合同谈判
- 回应变化胜过遵循计划

灵敏开发强调团队动力和整体工作环境。我不会对灵敏开发做过多概述，但想用自己在一个初创公司中的灵敏文化体验来描述它。灵敏开发提倡团队合作，重视开放空间，所以比起格子间，更喜欢开放的办公场所，因为它有助于激发创造力，消除束缚感。到处都是白板，这样自我管理的团队可以大胆勾勒想法，进行思维互动，还可以给它们拍照以备将来使用。鉴于灵敏开发提倡各个领域的简洁化，所以这些头脑风暴的环节也注定是简单的。我们不需要复杂的幻灯片和电子表格来呈现自己的观点，只需要写下想法，拍张照片，然后将它发出去。

这些公司的特点是拥有能够自我管理的团队，相关权力从经理转移到了小组中。这些团队为下一次迭代集思广益，分配各自的任务，分组解决问题，重新集合检查进度并相互监督。传统的管理理念认为人们并不喜欢工作，喜欢逃避责任，只接受负面动机的激励。灵敏开发完全不支持这种观点，它植根于更加自然的管理理论，即认为人在团队中更强大，乐于解决难题，享受工作的感觉。良好的工作环境可以激励团队提高生产力，从而提供更好的产品。此时的项目经理并不会规定哪些事情必须完成，而是努力提供资源、维护愿景、消除障碍，并且采用一些有利于团队采纳灵敏文化的方法。

灵敏开发的优势

灵敏开发的优势显而易见。快速迭代让团队能够管理复杂程度并改善成员之间的合作方式，从而提高效率。逐渐添加功能且访问旧版功能的权力降低了整体风险，并且能够更快地将更多的产品版本推送给客户。客户喜欢定期改进的产品，而且公司也可以利用迅速且连续的反馈来反思自己的产品，改善用户的体验。能频繁地改进产品也会让团队更有奋斗动力，从而提高生产效率，最终企业和客户都将从中受益。灵敏开发流程可提高生产效率，改进产品质量，所以它越来越受欢迎。

发布管理

如何将迭代发布给大众呢？发布或传输代码给大众的流程必须经过深思熟虑，以降低错误更新的风险。发布和传输代码其实是一码事，都是为了让代码生效以供客户使用。有如下三种环境或服务器需要注意。

首先是开发环境，即所有编码和测试发生的地方。新功能位于自己的服务器中，无法被大众访问。因此，任何错误都将本地化至公司，最坏的结果就是让开发流程变慢。开发环境中的代码不会影响网站的在线版本。

当迭代准备以更新或全新版本的形式发布时，新代码必须上传至临时环境中，即另一个不同的服务器，里面有动态应用程序的副本。并非所有的产品都会采用临时服务器，但是在临时环境中进行测试是另一种形式的检查，它可以确认新功能是否已准备就绪、可以进行最终发布。

如果代码在临时环境中几乎可以正常运转，那么更新就可以等待部署。然后它会被转移至生产环境中，生产环境提供公共站点并对所有的站点访问者做出响应。发布流程旨在确保服务器只接受能够正常运转的干净代码。当然，没有哪一个过程是完美无瑕的，有时还是会出现一些错误。

结　论

经过与团队的一番讨论，您决定使用本章提到的一个开发模型。您还和工程师们一起开发了一个有效的发布管理系统，它会对发布的每一步骤进行好几次检查。但是，在向客户介绍新的功能之前，请务必确保代码准确无误，不会造成制造的问题比解决的问题还要多的局面。您的下一个任务，就是让团队实现这一点。

第九章

软件：调试与测试

2009年，丰田公司被指控生产的汽车存在油门踏板粘滞的问题。2010年1月，丰田公司召回410万辆汽车进行维修。这一缺陷就是丰田公司产品的bug[1]或瑕疵。我们可以将丰田公司的产品与互联网公司的产品做类比。脸书、谷歌和MyAppoly这些公司现在和将来都会有缺陷，但是在产品发布以供用户使用之前，优秀的团队在开发过程中就能发现这些问题。

想让团队写的每一行代码初次投入使用时就能正常运行是不现实的。正如对整个写作过程来说，校对和编辑是文字出版之前要经历的关键一步，而对写代码这个过程来讲，调试（debug）即修改代码错误的过程，是极为重要的一步。这些错误不仅包括拼写错误和语法错误，还包括代码结构和代码之间如何交互方面的

---

1 bug：计算机术语，本义指"虫子"，在计算机领域指导致程序不按计划执行的代码异常。虽然本书将bug粗略解释为错误（error），但bug不等同于错误——bug不一定导致错误的产生，但错误的来源一定是bug，因此在翻译时保留英文原名。——编者注

问题。鉴于您的团队和用户时不时地会发现产品存在的问题，调试可以说是一个连续的过程，它需要的时间也是不定的。随着MyAppoly的壮大，工程师也越来越多，快速识别bug来源也变得更加困难。从概念层面上了解工程师们如何进行调试，能帮您理解调试过程的实验性和可变性。

bug的一生

简而言之，bug就是错误。这个与众不同的术语有一段有趣的历史。回到用打孔卡为计算机编码的年代，有一天，著名的计算机科学家格蕾丝·赫柏（Grace Hopper）注意到了一些异常行为。经过调查，她发现一只死蛾子在干扰打孔卡——计算机科学史上的第一个bug由此诞生！

如今，我们常说的bug并非由真实的虫子引起，它们往往是程序员无意中造成的，而且并非所有的bug都容易修正。bug可以分为两类：语法bug和语义bug。

- 语法bug违反了编程语言的规则。您的程序员可能忘记加分号，将变量名称拼写错误，或尝试使用编程语言中不存在的结构。这些bug通常易于修正，因为编译器、解释器等工具都能发现它们。如果代码格式是微软的

Word 文档，这些错误甚至能被 Word 的拼写和语法检查功能找出来。

- 语义 bug 有两种。一种是运行时错误，它会导致程序崩溃并停止执行任务。例如，程序尝试打开一个根本就不存在的文件时就会发生运行时错误。还有一种是逻辑错误，它不会干扰程序的完成，但是会产生一些意想不到的结果，例如添加而不是减少一些东西。比如，如果您在论文中自相矛盾，就会出现逻辑错误，但是只要您的文章拼写和语法是正确的，那么拼写和语法检查功能不会标记这些逻辑错误。因此，与语法错误相比，语义错误更难被发现、分离和处理。

尽管程序员的操作能产生 bug，但并非所有的 bug 都由疏忽造成。例如，代码更新之后无法兼容之前的逻辑就会产生 bug；两名工程师合并代码后导致两个新功能无法完美协同工作，也会产生 bug。所以，并非每个 bug 的存在都要归咎他人。

调试过程

本章列出的六步调试法是对托尔斯泰·格罗特克（Thorsten Grötker）及其同事提出的“13 条黄金调试规则”的提炼。这六个步骤可能不标准，但是当团队里的工程师说自己正在调试时，他大体就是按照这六个步骤在操作。

1. 跟踪问题

为了有效地管理 MyAppoly 中的错误，跟踪 bug 是一个不错的开始。将自己遇到的每个 bug 保存在合适的文档中可以帮助您快速解决将来出现的问题。此外，跟踪所有的 bug 可以帮助整个团队一边发现问题，一边想出解决方案。许多开箱即用的跟踪系统的工作原理如下：发现错误以后，创建一张描述它的工单（ticket）。该工单在解决之前一直保持“开放”（open），处理完毕之后，其状态切换至“关闭”（closed）。当然，也有好几种中间状态，如“处理中”（in progress），工单可以作为授权凭证分发给不同的团队成员。

那么这样的文档都由什么组成呢？鉴于任意程序输入都会影响 bug，所有可能导致错误产生的因素都应该被记录，包括用户执行的特定操作、操作系统、浏览器、实际行为、预期行为等您能想到的一切和错误相关的东西。这些变量要么是静态（static）的，即与配置和兼容性有关的属性保持不变，例如操作系统和浏览器；要么是动态（dynamic）的，指经常变动的内存和网络相关的内容，例如有多少个程序正在同时运行。

2. 复现问题

了解 bug 并记录详细信息之后，下一步就是复现问题。这涉及重新建立环境，然后检查该环境中出现的行为是否与报告行为相符。这个过程需要手动操作，但是这么做可以复现程序故障，以便使用相同的测试来确认错误是否得到修正。

3. 运行测试

每次对代码进行调整后，可以尝试复现故障来检查最新版本是否已经将问题解决。手动复现问题还是挺累的，所以自动测试不失为一种好办法，而且也能让您及时发现问题。有好几种方法可以做到这一点，每一种都应基于您使用的编程语言、整个系统的相关规范和您愿意购买的工具。

调试方法有其科学依据：假设，编辑相应代码，测试，评估，如有必要，重复上述步骤。对代码做出调整后可测试程序，记录这些更改来创建审核跟踪，以便在需要将代码恢复至原始状态时回顾自己做出的更改。此外，为每个更改创建不同版本的文件也是一种很好的做法。

启动新版本之前，如何测试 MyAppoly 的性能呢？鉴于您想替换问题代码，将新版本尽快发布给用户，所以不能浪费任何一点时间。您运行的测试通常在表示层、功能层或单元层中的某一层进行。

尽管您可以在任何一层进行测试，但与众多其他需要考虑的因素相比，您通常会优先考虑测试是否易于执行和交互，以及结果是否易于评估。接下来就让我们快速了解一下吧！

从模型、视觉和控制器几个层面来描述程序的话，表示层属于视图组件。如果在表示层进行测试，您可以和广大用户一样使用鼠标和键盘来与应用程序交互。假设在核查 MyAppoly 的账户资金时发现了一个错误：存入 100 美元之后，账面仍然显示为 0。您可以通过表示层来查看相关错误是否已经得到纠正，只需要刷新网页检查账户资金。通常来讲，在这一层进行测试是切实可行的，速度也挺快。虽然如此，可查看的范围是受限的，因为如果只查看账面资金，您不一定知道后端是如何进行计算的。

功能层由定义程序功能的所有代码组成，本质上是 MyAppoly 的控制器和模型部分。在这一层进行测试的话，程序员们通常会写一个小型程序来与较大的应用程序中的代码交互。例如，程序员可能想通过写一个小程序来创建假账户，并往里面存入 100 美元，随后检查发现账户余额确实显示为 100 美元。一般来说，进行功能测试和点击浏览器上的刷新按钮一样简单，而且自动化还允许进行大规模测试。创建这些测试看起来很容易，实际上开发人员每写一个测试都需要投入一定的启动成本。但是，如果您想大规模运行同一测试，这种投资还是值得的。

最后一层为单元层。您可以将整个程序分割为小型操作块，这样就有了单元。前文提到的账户例子中，下列各项均可代表一个单元：检索先前的账户资金、获取存款金额、计算新的账户金额、存储新的金额。可以使用脚本自动测试具体的单元。这样的测试可以让程序员们更详细地了解程序是如何在组件水平运行的。通常来讲，我们需要测试预期输出是否等于实际输出，如果是，测试将会继续，否则就会报错。这样的话，遇到错误就可以立即追溯到程序的特定区域。在我们提到的这个例子中，有好几个单元。首先，您可以检查账户要更改的值，如果您输入的是 100 美元，请务必确保后端实际的理解也为 100 美元。然后，让我们读取账户的现有资金值，它显示的值是正确的吗？最后，您将 100 美元添加至现有账户中，得到一个最终账目值，这个最终账目值又是正确的吗？这种逐步分析的方式可以帮您确定错误具体发生在哪一步。

您的程序员有各种工具和技术来协助跟踪和测试错误。一种简单的调试方法涉及打印函数，它能够显示您请求的所有内容。在更新 MyAppoly 账户值这个例子中，您可以在两行代码之间添加打印语句。您可以请求程序打印旧账户值（即您想要改变的账户值），也可以打印新账户值。如果有哪一个数字不对，您都可以准确知道问题出在了哪里。这样打印功能就可用于创建单元测试。但是如果在代码中到处添加打印语句，不难想象整个代码会显得冗长又凌乱，而且要想找出每个错误，您必须阅读大量的输出。幸运的是，还有更好的方法。

您可以使用一种叫作调试器的工具。实际上，调试器通过阻止程序运行来让程序员好好观察代码。通过设置断点，程序员可以让代码停留在合适的位置，这样可以查看所有相关变量的值。调试器还允许程序对代码进行跟踪，可以在每行代码之后暂停，方便程序员确定接下来哪一行代码会运行、变量该如何修改。如果出现了错误，程序员就能够识别错误的位置，而且通过跟踪计算机的代码逻辑，能够更加轻松地发现错误。您可能已经听说过 GNU 开源组织发布的 GDB 调试器，它通过命令行运行，通常和 C 语言联系紧密。

4. 解释测试结果以识别 bug 来源

一次次的测试让您更加了解 bug 的根源。对您的程序员来说，找到代码中让人痛苦不堪的逻辑错误或缺失语句是一件很有成就感的事情。请务必记住，错误可能存在于任何地方，可能在源代码中，还可能在编译器中（如果您使用某种编译语言），当然，也有可能在第三方库或 API 中。

5. 在本地修 bug

既然您已经找到了 bug，那么是时候修正错误了。哪怕这个修正需要您对整个功能进行重新编程，您至少已经知道程序崩溃的原因。修正完后，您的团队会进行回归测试来查看该站点的其他功能是否能够正常运行。在修正一个 bug 时引入另一个 bug 并非良好的解决方案。您也可以用其他测试来确保下一次不会轻易忽略此类 bug。如果通过了回归测试，您就可以确信威胁已消除，而且没有制造更多混乱。

6. 交付修复产品

修正好 bug 且通过验证测试之后，MyAppoly 团队会更新网站的公开版本，让用户不再访问有漏洞的应用程序。当然，这个过程得遵循第八章提到的发布管理流程。

结　论

现在，为了让 MyAppoly 臻于完美，您对团队使用的流程和技术已经有了更多的了解。有了这些工具，您的团队完成了构建、测试和调试的工作，并启动了MyAppoly的工作版本。改善产品始终是目标，但接下来一章讲述的内容也至关重要：获取用户。

第十章
吸引和了解用户

用户可以通过各式各样的方式来了解您的网站，每种方式都是一个渠道（channel）。社交媒体（social media）是一种可能的方式，新用户可能通过脸书上的帖子或推文来了解和加入 MyAppoly。另一种方式是推荐（referral，“口耳相传”的术语表达）。还可以通过电子邮件营销活动。如您所见，可以用好几种方法来吸引潜在用户并说服他们考虑您的网站。本章重点关注搜索引擎的崛起和与其相关的两个重要渠道：自然搜索和付费搜索。自然搜索（organic search）指标准搜索中弹出的结果。您在网上进行搜索的时候，会注意到搜索引擎结果页面顶部会出现和您的搜索词条相关的付费广告，付费搜索即搜索时出现的广告。

企业会收集和用户相关的数据以了解用户行为。例如，商店在决定库存定价、货物存储和商品布局的时候会考虑如下因素：顾客特点、购买偏好、热门购物通道。为了了解这些信息，商店机智地引入了会员卡。在顾客眼里，这张卡不过是获取折扣的工具，实际上，他们通过此卡授权商店获取个人数据。

会员卡之所以适用于商店，是因为进入商店的用户很少空手而归。线上用户就不同了。如果您只能在用户购买商品的时候为 MyAppoly 收集数据，那您将失去很多有价值的数据。和商店一样，您想弄清楚 MyAppoly 用户的特点、购买偏好和他们如何看待您的产品。由于您无法像调查商店顾客那样切实调查 MyAppoly 用户，此时需要找到另一种方式来获取信息。

本章介绍如何利用搜索引擎来吸引用户和网站如何跟踪用户行为。我们还将简要讨论新的数据保护法，它保护我们的个人信息未经明确许可不得使用。

搜索引擎优化

如今，我们已视搜索引擎为理所当然，但是实际上，网络搜索直到 1990 年才出现，当时一个叫 Archie 的搜索引擎允许用户按文件名搜索。从那时起，好几家公司就致力于创建更好的搜索引擎。1994 年，雅虎（Yahoo!）创建了一个数据库，它包含所有可以手动找到的网页，还允许用户通过目录进行检索。不幸的是，这种方法效果有限，因为手动收集网页的过程缓慢。AskJeeves 提出了回答用户提问的新方法，这并非真正的搜索，但能够实现知识共享。这些早期的参与者为各自的策略而战，但是它们并不知道自己会输给两名斯坦福大学的研究生：拉里·佩奇（Larry Page）和谢尔盖·布林（Sergey Brin）。1998 年，这两名学生设法检索整个网络，将每个页面的相关描述存储起来，以根据用户的搜索查询来调用和显示网站。受“古戈尔数字”（googol，指 1 后有 100 个 0）的启发，谷歌（Google）诞生了，它从根本上改变了我们使用互联网的方式。

现代搜索引擎存储所有网站的信息和相关关键词。当您检索术语或短语时，这些搜索引擎会将您输入的内容与每个网站的描述性关键词进行匹配。

现代搜索引擎究竟是如何收集网站的名称和关键词的呢？手动输入词条到目录的时代已经过去了！俗话说得好，需要是发明之母。所以，随着网页的数量以越来越快的速度增长，手动收集这些网页变得越来越不现实。

聪明的谷歌工程师们利用被称为“蜘蛛”（spider）的机器人来提高搜索引擎在互联网上的爬行能力，这种蜘蛛能够访问网页、跟踪网页中的链接。如果这些蜘蛛能够跟踪所有的链接，它们差不多可以发现整个网络。这些蜘蛛访问每个网页的时候，会记录出现的关键词、与该网页相关的页面数，以及若干有助于描述该网页的特征，还会根据它在同一个话题上的相对重要性分级。这一分级决定了用户在谷歌上检索某个话题的时候该网页出现的位置，鉴于大多数用户不会浏览好几页的搜索结果，这种分级还是很有用的。较高的排名可以增加您网站的流量。检索某个主题后点击排名较高的文章的过程就是自然搜索，而搜索引擎优化（SEO：Search Engine Optimization）则指提高您的网页在谷歌等搜索引擎上的排名以提高通过自然搜索获得用户的可能性的过程。

为了好好了解 SEO，您还必须知道搜索查询究竟如何与数据库关键词进行匹配。鉴于输入查询指令的时候大小写、单复数和拼写会有不同，而且可能包含一些非必要的单词或词组（如英语中的冠词），搜索引擎在将搜索查询与数据库进行匹配之前会将这些变量删除。完成匹配并选定相应的网页后，谷歌在将这些网页展示给检索用户之前必须对其进行排名。最佳的检索结果似乎总是出现在显示页面的顶部，从而最大限度地减少用户花在寻找正确链接上的时间。从某种程度上来说，这就是搜索引擎的魅力所在。互联网的实际爬行过程和数据库的创建是可以预测的，但是收集到的信息、如何利用这些信息来进行排名和显示搜索结果则是搜索中的不确定因素。

谷歌的排序算法被称为“页面排序算法”（PageRank），在过去的这些年里很受欢迎。尽管确切的算法并未公开，我们仍然知道它在排序时考虑的因素，因此，也许您在搭建自己的网页时可以利用 Google 的这种排序方法。

谷歌的排序算法关注关键词密度。如果一个网页频繁提及某个关键词，和那些不怎么提及这个关键词的网页相比，它与该关键词相关的可能性更大。例如，一个 100 次提到“网球拍子”的网页与只提到“网球拍子”一次的网页相比，与网球相关的可能性更大。搜索工程师很快意识到，网页开发人员可能让这些关键词在网页中频繁出现以获取更高的排名。这种做法是不是很聪明呢？然而，谷歌和其他搜索引擎一样聪明，它们会监视此类行为，将其标记出来进行降级处理。

搜索引擎还会寻找关键词的接近度和突出度。它们要确保单词“网球”和“拍子”相邻出现，这样的话，搜索到“网球拍子”的可能性就越大。关键词突出度还能反映文章的相对重要性。“网球拍子”是网页标题，还是某张图片的注脚？进行排名的时候也要考虑这一点，大部分人都会同意这一考虑。

最后要说的是链接广泛度，这一点同样十分重要。如果很多其他网站有指向您的网页的链接，该网页的重要性排名高的可能性就越大。如果那些重要的网站（其重要性由链接广泛度等因素决定）里面也有指向您的网页的链接，这一点尤其适用。我们接着上面的例子来讲，如果美国网球公开赛网站可以链接至您以网球拍子为主题的网页，这就是十分关键的信息，谷歌会据此对您的排名做调整。但是，如果您在自己的网页中插入链接指向知名网站，谷歌并不会据此对您的网页排名做任何调整。换句话说，在自己的网页中放一个可以指向美国网球公开赛网站的链接并不会影响您的网页排名。任何人都可以在自己的网站中插入链接，所以这并无特殊之处。

掌握了这些基本知识，现在您可以通过 SEO 这一过程来优化自己的网页使其获得更高的排名。您可以直接控制出现在网页上的内容。影响网页排名的因素有很多，包括标题描述是否清晰，关键词的接近度、密度和突出度是否得当，您为元标签添加的描述（您可以利用这些标签为谷歌机器人提供数据），以及 HTML 上的图像标记。定期更新网页内容也可能是一个可靠的标志，正如为网页蜘蛛定义和描述页面布局、说明、重要性等内容的信息检索站点地图。

您可能已经猜到了，控制链接广泛度是极其困难的。除了强迫他人在自己的网页中插入指向您的网页的链接，您几乎没有其他办法，只能树立自己的信誉和知名度。

越了解搜索引擎的排名算法是如何运行的，您就越擅长 SEO。

搜索引擎营销

通过在谷歌或必应（Bing）上为您的公司做广告，您的网站将出现在网络访问量最高的房地产公司的主页上。本节将讨论这一现象背后的工作原理。

搜索引擎营销（SEM：Search Engine Marketing）这一概念非常简单。我们继续假设 MyAppoly 是一个网球网站。您很清楚搜索网球拍的用户也是购买网球装备的潜在客户。您要想在用户搜索“网球包”时显示自己的广告，就得“购买”关键词“网球包”。这样用户搜索“网球包”一词时，您的广告将在侧面弹出，如果用户点击了该广告链接，您就得按照当时购买该关键词的费率付费。然而，这让问题更加复杂。

许多人都想购买同一关键词。所有的网球网站可能都想购买关键词“网球包”。那么，谷歌又是如何知道空白处（通常为搜索结果页顶部）该显示哪些广告的呢？这得由基于以下两个因素的实时拍卖决定：出价和质量。当您发起广告促销活动时，您需要亮明自己的出价。自然而然地，如果您的出价更高，您的广告就会出现在其他购买了同一关键词的竞争者的广告之上。这其实不难理解，毕竟谷歌也希望收益最大化，因此在其他条件都相同的情况下，出价高的必然会占优势。质量也很重要，因为只有用户点击广告，谷歌才能收到付费。我们还是用具体的例子来说明吧。如果 MyAppoly 开始为曲棍球头盔购买广告位，并且认为购买运动装备的运动员们可能也对网球装备感兴趣，会怎么样呢？MyAppoly 可能会赢得曲棍球头盔广告位的拍卖，但是一旦用户点击了这个广告，就会发现 MyAppoly 其实是一个网球网站，和曲棍球没有任何关系，这样用户可能会立即点击返回按钮。谷歌会跟踪此类活动，如果注意到您的广告并未向客户提供他们真正想要的服务，您的广告在质量方面的得分就会下降。因此，您如果想赢得拍卖，需要确保自己的广告定位明确（即质量高），并且出价大概率高于竞争对手的出价。

这就是广告效果绩效模型。与传统的广告模式相比，它有其优势：只有用户点击的时候，您才需要付费。针对各方的激励机制是一致的。用户点击广告的话广告商才需要付费，谷歌通过在网页上显示用户可能点击的广告来获取收益，用户只看到相关内容。可以将此模型与黄页相比，对黄页中的广告来说，不管多少用户会看到它，也不管用户需要筛选多少个不相关的广告，广告商都需要为其支付一定的费用。如今，访问具有高度针对性的数据的途径很多，这种方式显然效率很低。

搜索广告之所以有效，是因为有搜索查询提供的语境。浪费金钱向错误的目标人群投放广告是属于过去的一种危险行为，因为您只购买了描述目标市场的关键词。此外，当用户点击广告时，您可以控制他们在网页上的去向。因此，与其将用户引导至 MyAppoly 的首页，为何不直接将点击“网球拍子”广告的用户引导至 MyAppoly 的网球拍子清单中去呢？

分 析

分析（analytics）指能生成一系列指标来描述用户如何使用您的网站的软件程序。分析并不是从一组用户跟踪数据开始的，而是从储存用户操作以辅助调试的错误日志开始。[1] 早期的开发人

1 Avinash Kaushik, *Web Analytics 2.0: The Art of Online Accountability and Science of Customer Centricity.* Sybex, 2009.

员创建了自动生成的网页文档，它可以记录错误，因此也被称为“网站日志”（web log）。但是，随着时间的流逝，企业和市场营销人员意识到，网络日志数据的价值不仅仅体现在调试方面，它还可以用于了解用户。

1995年，斯蒂芬·特纳（Stephen Turner）编写了一个名为Analog的程序来分析这些复杂的日志文件，将其中对分析有用的部分提取出来。后来，Webtrends帮人们可视化存储这些日志中的数据。收集和可视化有关网站所用的有效数据，让决策基于用户信息和习惯而生成。

网络应用程序公司喜欢收集哪些数据呢？其实有好几类，但是本章主要讨论点击流数据（clickstream data）。用户访问MyAppoly时会留下痕迹，包括他们访问过的页面和点击过的内容。用户活动记录就定义了“点击流数据”这一术语，收集这种数据的方式主要有四种：网络日志、网络信标、JavaScript标记、数据包嗅探。

网络日志

用户访问网站时，浏览器会将请求发送至存储网站的服务器中。服务器在将网页发送回去之前会更新其日志，具体内容如“某某用户凌晨12点访问该网页”。这就是网络日志。这样做的缺点是任何服务器请求都会被记录下来，包括搜索引擎的网络蜘蛛。如果您只想监视人类活动，那这可能不是最佳方法。此外，独立访客的身份很难识别，这会让整个营销分析复杂起来。毕竟，您可不想将同一个用户反复记录两次，否则数据就会不准确。最后，您还记得术语“高速缓存”吗？浏览器将请求发送至服务器，然后接收包含图像和其他资源的网页，这些都是需要花费时间的。因此，浏览器会将网站副本保存至本地，最大限度地减少服务器交互，从而提高效率。不使用服务器时，网络日志并不会启动，因此该网页的缓存版本上的所有活动将不会被记录。这是一个服务器端数据收集的例子，其中，用于存储数据的软件保存在服务器中。

网络信标

您收到了一封电子邮件，里面的图片暂时隐藏了起来，只能通过授权电子邮件客户端才能显示它。如果您有上述经历，那您对网络信标就不陌生了。这是为什么呢？网络信标通常为 1×1 像素大小的透明图片，存储在独立服务器中，这些服务器不会存储网页。之前提到过，要加载图片的话，浏览器必须发送附加的服务器请求。当浏览器从第三方服务器中获取网络信标的时候，浏览器的相关活动会被记录下来。第三方服务器的使用让您在选择收集内容时有更大的灵活性，可能包含网络信标，也可能不包含，同时也允许您整合多个网页上的数据。也就是说，您可以从多个网站发送针对同一网络信标的请求，这些请求会被发送至同一服务器中以获取 1×1 像素大小的图片。所以，尽管请求来源不一，所有数据还是存储在同一服务器中。但是，鉴于这一方法依赖图片请求，因此，任何阻止图片请求的工具都会让您无法收集到有用的数据。垃圾邮件发送人会用这种方式来验证您的电子邮件账户是否依然有效，所以有些电子邮件客户端会关闭图片显示，直到您确认对方的真实性后才打开。有些服务还会使用网络信标来启用已读回执。

JavaScript 标记

JavaScript 标记改变了网站分析的本质。如果您回忆一下之前关于 JavaScript 的讨论，这种程序语言拥有监听器，它会在执行某些代码之前等待特定事件（如单击按钮）。同样地，JavaScript 监听器可能会等待用户单击按钮，然后触发代码以显示弹出窗口，JavaScript 可以使用“页面已完成加载”事件作为代码执行的触发器。如果您可以让前面提到的代码收集有关用户、时间和网页描述的信息，那就可以将 JavaScript 作为分析工具。当然，这一切已经实现了。当页面加载的时候，只要您添加触发代码的

JavaScript 代码行，一切就会很顺利。即使网页被缓存起来，用户要求查看网页的时候，JavaScript 代码还是会执行，因此从这方面来讲，它比网络日志更有优势。您可以在 JavaScript 代码中添加特殊标记，这样就能够更加轻松地过滤数据。

除了上面介绍的内容，其实还有更多操作，因为 cookie 可以发挥很大的作用。当您访问一个网站的时候，该网站可能会在您的浏览器中放置一个 cookie，用来存储您的信息、点击过的内容和其他相关信息。下次您访问该网站的时候，它会首先寻找网站的 cookie，如果找到了，表明您之前访问过该站点，这样它就可以使用其中存储的信息为您定制网页。例如，如果 cookie 存储了您之前想要购买的鞋子的信息，那么您下次访问该网站的时候，这些鞋子可能会出现在页面顶部。让我们回到网站分析：JavaScript 代码使用 cookie 记录活动。它会在您的浏览器上存储一个 cookie，并在代码的其他部分执行完毕之后将信息发送至某个存储器中储存起来。这些服务器归公司或第三方分析服务提供商所有。

虽然以前分析完全由公司内部 IT 团队管理，但现在整个公司的目标只有一个，那就是用分析帮助他人。这些公司会为其他网站提供 JavaScript 代码，其他的就由网站自己负责了。这些公司的价值还体现在提供有助于您了解数据的可视化工具。谷歌通过谷歌分析免费提供分析服务，通过将数据存储到日志文件中进行工作。谷歌每隔几个小时会处理这些日志文件，让用户能够在它的分析网站上查看这些数据。

这种方法的好处多多，其中最主要的一点就是使用方便。只需要复制分析公司提供的代码，就可以启动并运行整个跟踪和可视化系统。就是这么简单！

鉴于此，有些用户开始关闭 JavaScript，这样做可能只有少量的数据泄露。另外，请务必记住，如果您使用第三方分析服务提供商（即您无须自行生成和收集所有这些信息），敏感的 MyAppoly 数据就会由他人掌控。

数据包嗅探

数据包嗅探实质上为网站访客和托管该网站的 MyAppoly 服务器创建了一个中间人。用户请求访问 MyAppoly 首页后，该请求在被路由至服务器之前，会通过一个叫作数据包嗅探器的软硬件混合包，里面记录着用户的信息。服务器响应网页时，文件在被路由至用户之前会通过数据包嗅探器。对，就是这样，第一次获取的是用户数据，第二次获取的是网页信息。

这种方法的便利之处在于，不需要将其他代码输入实际的源代码中就可以轻松拦截发送至服务器中的所有请求，从而满足整个网站的需求。缺点是，实际的安装过程可能会很麻烦，而且发送至网站的缓存版本的请求并不会被记录下来。您必须谨慎使用数据包嗅探，因为它们会拦截许多敏感信息，例如用户的密码和信用卡号。处理这些数据的时候，一定要尊重他人隐私。

可视化

数据的呈现方式会影响您对数据的判断。因此，许多参与者都在尝试让数据呈现过程更加简单。所以，分析的下一个阶段并不是那么在乎聚合，而是更加关注可视化与处理。

点击密度图（click density）或站点密度图（site overlay）让您能够根据用户点击的内容来洞悉他们的想法。最终应运而生的热点图（heat map）也是如此。它根据鼠标的移动指示展示了用户正在看的图片。鼠标经常停留的区域用暗红色标示，而鼠标很少移动的区域用蓝色标示。

谷歌分析不仅关注“是什么”（如访问量、注册量等），还关注“为什么”。焦点已转向任务，漏斗图是一种很受欢迎的可视化用户任务完成度的方法。公司可以通过这种方式准确地看到每个阶段有多少用户流失。

可视化的种类数不胜数，但重点是这些数据要对公司有价值，公司也在寻找各式各样的方法来弄懂这些数据。所以，数据呈现很重要。

通用数据保护条例

我们已经讨论了跟踪，对 MyAppoly 团队来说，了解有关隐私的担忧是很重要的。截至 2016 年，我们已经对现有的数据隐私条例做了重大修改，其中包括最著名的《通用数据保护条例》（GDPR：General Data Protection Regulation），该条例试图用比以前更全面、更强大的解决方案来规范欧盟成员国的数据保护法。GDPR 于 2018 年 5 月正式生效实施，要求企业在正式收集任何数据之前，必须披露数据的用途、存储时间和共享计划。企业只有征得用户同意才能继续处理个人数据，而且用户可能随时撤销这一同意。GDPR 中的内容比本书介绍的要全面得多，不过您的团队在讨论数据的跟踪、收集、存储和处理时，GDPR 都将是话题的核心。

结　论

请记住，我们的讨论省略了一些工具。您如果注册了谷歌分析，就会注意到上面有很多实用的工具，让您能够对数据分段，然后洞悉数据背后的东西。例如，谷歌分析可以让您查看用户访问您的网站前在搜索引擎上检索的词汇。这就是网站搜索分析（SSA：Site Search Analytics），它能提供用户行为的内容。这种方式收集的数据与通过点击流分析和热点图获取的数据不一样，后者需要一定的推理。

现在，您已经掌握了基本内容——搜索引擎、跟踪和数据隐私条例，MyAppoly 也做好了同强大的对手竞争的准备。它蓄势待发，您能够很好地控制这种势头吗？

第十一章
性能与可扩展性

身为一个满怀热情的企业家，您认真监控 MyAppoly 的使用情况，第一时间解决出现的任何问题。您花时间筛选团队呈上来的分析报告，从中看到了成功的迹象。您拥有的用户数量如滚雪球般迅速增长。没过多久，您的团队联系您，想要讨论如何改进您的网站，毕竟它现在吸引的流量史无前例。一些工程师注意到，某些网页的运行速度比预期慢，而且已有的设置无法支持更多用户，尤其是用户还在按照相关指标显示的速度增长的时候。例如，每个服务器每秒只能处理一定数量的请求，因此该网站目前需要很长的加载时间。这些问题不算太糟糕，但是仍然需要得到解决。

性能（performance）指网站的速度，包括网站的加载速度、字节传输量和一切能够衡量用户接收相关请求信息频率的指标。

可扩展性（scalability）指网络应用程序适应不断增加的工作量的能力，包括您的网站如何容纳更多的用户、数据与计算——此处的“更多”并非指多一个或几个，而是成千上万甚至数以百万计。

如您所见，性能和可扩展性不是一回事儿，但是两者可能同时出现。如果用户群在不断增长，您肯定想要确保自己的网站能够高效运行。您的团队准备了一些他们想要使用的基础技术。本章介绍的技术并非详尽无遗，但能够让您了解公司是如何处理这些问题的。

提高性能的做法

可以通过优化后端和前端以提高性能。但是，加载页面所用的时间中后端只占很小一部分。大部分时间都花在了加载用户界面的组件上，例如发送 HTTP 请求以获取各种元素使其出现在指定网页上。尽管页面加载时间只是性能的一个方面，它仍可能影响您如何优化资源配置。

后端注意事项

应用良好的设计原则（之前提到过）可以提高效率。例如，抽象化能让您在应用程序的各个部分重复利用代码。

此外，许多成功的技术公司会重新编写代码来提高效率。优化数据库查询和其他操作（例如优化 Netflix 推荐电影的算法）就是一种方法。另一种方法则是换一种编程语言完全改写该应用程序。回想一下第三章提到的低级编程语言可以提高效率。所以，许多技术公司会重写自己的应用程序以利用这些编程语言。例如，推特（Twitter）就从使用 Ruby on Rails 转换到 Scala 和 Java，脸书也将 PHP 代码转换成高度优化的 C++ 代码。这样的例子还有很多，但是将代码转换为不同的语言并非易事，所以，当目前使用的编程语言不再合适时，公司需要全面考虑。

前端注意事项

用户访问您的网站时，只会花很少时间获取 HTML 文档的初始 HTTP 请求，大部分时间都用在下载与网站相关的各种资源上。我们将重点介绍相关操作、工具和方法，供那些将提高性能作为目标的前端开发人员使用。

更少的 HTTP 请求

减少下载网页资源所需的 HTTP 请求数量可以缩短页面加载时间。减少数量的方法有多种，例如组合脚本和样式表。我们将讨论两种针对网页图片的方法：CSS 精灵（CSS sprite）和图像映射（image map）。

假设您想在网站的左上角显示公司标志的上半部分，在右下角显示下半部分。一种方式是设计两个元素，分别代表公司标志的上下两个部分，这需要两个请求才能让其完整显示出来。除了这种方法，我们也可以只发送一个请求来获取完整的公司标志，使用不同的 CSS 属性隐藏我们不想显示的部分。这就是 CSS 精灵，它有助于减少我们需要的请求数量。

假设现在您想将自己团队的合照放在网站上，点击照片中的任意面孔都能让用户跳转至团队成员的领英（LinkedIn）个人资料页。对单张照片执行此操作要求浏览器为每张照片单独发送一个 HTTP 请求。但是，如果使用集体合照，就可以运用图像映射让照片的不同区域对应不同的链接，从而将请求数量减少至一张。

缓　存

如果您的用户反复返回至同一页面，那么每次都重新请求页面所有资源的做法其实毫无意义。您不会每次和朋友见面的时候都要问一下他们的电话号码，对吗？问多了，他们只会让您把号码保存好。同样地，浏览器也厌倦了反复问服务器同样的问题，所以它们会将网页缓存（cache）起来，缓存资源包括图片、CSS 文件、JavaScript 文件等。与 HTML 文件相比，这些缓存资源几乎很少变动。您可能想要在您的网站中添加一段新信息，但是您不大可能经常更改公司标志或页面样式。所以，将 CSS 和 JavaScript 放入外部工作表就可以对其进行缓存。

压　缩

您如果曾下载过大文件，就可能注意到下载的时候它被压缩成了较小的 zip 文件，必须将其解压才能打开。创建此类文件的过程就是压缩（zipping）。缩减响应的大小，就可节省将这些响应从服务器传输至浏览器所需的时间。但是，请务必记住，压缩需要成本。服务器压缩文件和浏览器解压文件都需要额外的处理能力。因此，压缩一切资源并无意义。另一种压缩工具是缩小（minification），即删除文档中不需要的空格、注释和字符。您编写软件的时候，会使用缩进和注释来增强代码的可读性。但是，将代码从服务器传输至浏览器时，它们会占用不必要的空间。

脚本和样式表的位置

之前提到过，样式表（CSS 文档）和脚本（JavaScript 文档）通过外部链接与 HTML 文档相连接。您链接这些文档的位置会决定页面的加载方式。假设加载一页需要五秒钟。第一种情况是整个屏幕会有整整五秒钟的时间处于空白，五秒钟过后才马上显示整个页面。第二种情况是页面会在五秒钟内逐渐显示，直至全部加载完成时为止。哪种方式更好呢？许多人会说后者，因为用户并不喜欢浏览器处于无反应状态，他们想要知道某些东西正在发生变化。要想达到这种效果，也就是逐步加载，应在 HTML 文档顶部链接样式表，在其底部链接脚本。由于很多浏览器会在处理完样式表之后才加载相关元素以避免元素重复出现，所以将样式表放在顶部速度会更快。脚本则应放在底部，因为只有脚本下载完成之后才会显示脚本之后的内容。

基础架构变更

大部分网络应用程序（如 MyAppoly）都从单个服务器开始着手，该服务器可链接至具有一定存储量的单个数据库。随着更多用户开始使用您的应用程序，您需要添加服务器以响应所有的请求。但是，更多用户加入之后就开始与其他的用户交互，而事实证明，要将您收集到的所有数据写入数据库会特别慢。为了快速与数据库交互，我们可以复制（replicate）数据库，或者创建多个可以交互的副本。

复制数据库的过程是很棘手的。如果查询请求只是“读取”，表明用户想要访问存储在数据库中的信息，此时多个数据库副本可以满足不断增长的用户群的需求。如果用户想要编写或更改数据库存储的内容，例如添加一位好友，又该怎么办呢？您必须确保所有数据库都已更新。将新朋友添加至所有的数据库副本中，效率可能很低。因此，要解决这一问题，您可以将主数据库指定为“编写数据库”，这样全部的更新就必须由“编写数据库”单独处理。所有其他数据库的复制文本仅用于读取。如此一来，数据库就可以具备可扩展性。

添加更多的服务器和数据库后，到底怎样才能将用户定位至不同的副本呢？您可以采用分发请求的方式，使用负载均衡器（load balancer）将请求发送至所有可用服务器中。负载均衡器可以使用任意数量的复杂算法来确定最佳分配模式。其中，最简单的方法当数轮询调度算法（round-robin approach），它按照一种固定模式将新来的用户分配至服务器。将一个用户发送至 A 服务器之后，将下一个用户发送至 B 服务器，再下一个用户就发送至 C 服务器，依次顺推。但是这种方法可能不理想，因为它没有考虑到这些服务器的实际可用性。您可能会一不小心就将两个频繁访问的用户分配给了同一个服务器，即使此时其他服务器的使用率较低。根据实际使用情况进行分配可能更好一些。负载均衡器可增强系统可靠性，因为它们能够在服务器宕机时重新分配流量。

结　论

您已经意识到了性能是关键，了解了开发人员如何缩短加载时间。您也意识到扩展网络应用程序时需要投入更多的资源来支持多用户的参与。这就意味着您需要在成本与性能之间做出权衡，当然，这一问题没有我们想的那么可怕。随着 MyAppoly 的成长，您慢慢意识到了自身存在盲点：安全。下一章，我们将了解大型攻击和组织大型攻击的方法。

第十二章
安　全

特别感谢阿希·阿格拉沃尔贡献此章

2017 年 7 月下旬，信用报告机构 Equifax 披露，逾 1.45 亿用户的个人数据遭到了不明黑客的攻击，包括驾驶执照号码和社会保障号码。[1] 类似的公开攻击还在不断增长，Target、Ashley Madison 和花旗集团（Citigroup）都受到过黑客攻击。

针对 Equifax 的黑客攻击之所以特别令人震惊，主要是因为此次攻击的数据具有较高敏感性，这样的攻击对任何公司来说都是巨大的打击。黑客（即寻找网络安全漏洞的人）攻击某个组织的数字资产的动机有很多，甚至可能只是为了实施个人报复或炫耀个人实力。有些人想将数据卖给出价最高的人，而其他人想体验攻击行为带来的挑战感与刺激感。并非所有的黑客都有不良企图。道德黑客（即白帽子黑客）寻找漏洞，这样公司就可以对其

1　Alex Johnson, "Equifax breaks down just how bad last year's data breach was," NBC News, May 8, 2018. 详见 https://www.nbcnews.com/news/us-news/equifaxbreaks-down-just-how-bad-last-year-s-data-n872496。

进行修复。即使如此，数字世界依然充斥着邪恶的攻击。

无论您的应用程序是做什么的，此类攻击都可能让您失去宝贵的计算能力和数据，造成业务中断。就算数据泄露没有让消费者遭受身份盗用，它仍然会泄露敏感数据，导致消费者信任度下降。除了从商业层面出发制定安全防范措施，相关组织也有道德和法律层面的考量。无论对您个人还是对您的公司，网络安全都极其重要，本章将探讨确保您和用户安全的方法。

什么是网络安全

网络安全属于信息安全的范畴，指保护电子数据和物理数据的安全。[1] 由《牛津英语大词典》对网络安全的定义可知，它侧重于保护电子数据，但是这个定义有其局限性，即它忽略了对非数据类计算机资源的保护。网络安全领域还涉及非数据驱动的数字攻击，例如破坏电网的攻击。此类攻击不会破坏数据，但会利用数字工具造成巨大破坏。因此，本文将网络安全定义为保护电子资源（如数据和计算能力）被未经授权地研究与实践。本章将使用"安全"（security）来代替"网络安全"（cybersercurity），以

1　Patricia de Saracho, "Cybersecurity, Information Security, Network Security, Information Assurance: What's the Difference?" Security Magazine, September 6, 2018. 详见 https://www.securitymagazine.com/blogs/14-security-blog/post/89383-cybersecurity-information-security-network-security-information-assurancewhats-the-difference。

反映专业人士使用术语的方式。

某些网络安全技术的基础为密码学，后者研究恶意第三方存在的情况下如何进行安全通信。密码学作为一个领域，在过去几百年里已经从简单的技术（如改变信息的字母排序或使用儿童语言游戏 Pig Latin[1]）发展为基于数学的复杂系统。这些系统对我们后面要研究的某些网络技术至关重要。

互联网兴起后，密码学和安全对整个数字空间来说都不可或缺。1988 年的莫里斯蠕虫病毒被普遍认为是世界上第一种计算机病毒。[2] 该程序利用各种网络协议的漏洞迅速传播，将自己嵌入计算机。它的编写者莫里斯并无恶意，只是想利用这一程序来测量互联网的规模，结果破坏了数千台计算机的处理能力并使其崩溃。随之而来的计算机故障造成了几十万美元的损失。从那以后，攻击变得更加复杂。而且，随着互联网用户和设备的增加，攻击可能产生的影响也迅速扩大。

网络安全三要素

网络安全三要素（CIA Triad）为我们了解网络攻击的全貌提供了一个框架。这一经典信息安全模型指出了三个主要的安全

1 一种英语语言游戏，通过增加后缀、改变元音位置等方式改变单词的发音。——编者注
2 Charles Schmidt and Tom Darby, “What the Internet Worm did to systems,” The Morris Internet Worm. 详见 https://snowplow.org/tom/worm/what.html。

问题：保密性（Confidentiality）、完整性（Integrity）和可用性（Availability）。假设出现了下述情况：爱丽丝要向鲍勃发送一条信息，想将其保护起来不让敌人查理发现。[1] 对于此次交易，有以下三种方式可以让爱丽丝和鲍勃稍微放心：

- 保密性：由于该消息属于机密，我们希望它在传送的过程中保密，也就是说只对爱丽丝和鲍勃可见，像查理这样的第三方就无法看到。
- 完整性：消息的内容很重要，因此我们希望查理不会篡改或破坏该消息。当鲍勃收到消息时，他可以相信这条消息和爱丽丝发送的消息一模一样。
- 可用性：该消息对时间很敏感，所以爱丽丝希望确保鲍勃能够接受并读取它。查理无法阻止鲍勃获取该消息。

接下来我们将从保密性、完整性和可用性三个方面出发来讨论一些常见的攻击和应对措施。这种结构很实用，不仅能将以往的攻击进行分类以了解系统中的漏洞，还能未雨绸缪，将最佳的安全操作纳入您的应用程序。请记住，我们的讨论并非详尽无遗，并非所有的攻击都可以清清楚楚地归类。但是，这样的讨论有利于我们从网络安全三要素的角度考虑应用程序的安全问题。

1　这一理解密码学的框架可以追溯到 1978 年概述 RSA 密码系统的论文中，爱丽丝、鲍勃等角色屡次出现在有关网络安全的文本中。

保密性

每个人都有秘密，不管是让人尴尬的昵称，还是恋爱经历。和人一样，应用程序也有它们想要保密的东西。对应用程序而言，最明显的秘密当数密码和用户数据。如果一条数据（如社会保障号码或生日）可以用来识别个人，我们就称其为“个人验证信息”（PII：Personally Identifiable Information）。保护 PII 和其他用户信息免受窥视是每个应用程序的职责。简而言之，保密性就是保住秘密，而做到这一点的难度，相信我们每个人在年幼时就已经知道了。

攻击者可以通过社会工程攻击来破坏保密性，它使用基于人类心理学的相关技术来操纵用户泄露机密信息。其中，使用最为广泛的社会工程攻击当数钓鱼（phishing），即冒充可靠实体索取敏感信息或让用户下载恶意软件。我们重点介绍三种类型的网络钓鱼：拖网式钓鱼、鱼叉式钓鱼、克隆式钓鱼。

拖网式钓鱼通过群发邮件的方式，将目光投向广大用户。攻击者会假装自己是某个权威机构（如美国国税局）向数十名用户发送相同的看似有效的电子邮件。然而，这些电子邮件中含有恶意链接，用户点击该链接之后会进入一个看起来官方或者与实际网站十分相似的网站（如美国国税局官网），但是真实情况并非如此。用户掉进了陷阱，需要在网站上输入个人详细信息（如社会保障号码），如此一来，攻击者就能进行身份欺诈。有些网络钓鱼电子邮件还会将破坏性病毒伪装成看似无害的附件。用户不小心在自己的电脑上下载和打开该文件之后，病毒会开始运行，使攻击者能够访问用户的计算机。最著名的拖网式钓鱼攻击当数“尼日利亚王子”骗局，攻击者伪装成需要您帮忙转移财富的王子，发电子邮件要求您向某个银行账户中象征性地打入一点钱，并承诺如果帮他们忙，您将获取不菲的报酬。当然，他们都不是真正的王子，受害者也无法收回他们寄给那个银行账户的钱。但是这种攻击并不总是涉及敏感信息的交换，攻击者使用的策略和许多其他拖网式钓鱼攻击使用的策略一致。

另一方面，鱼叉式钓鱼只针对特定的受害者。攻击者冒充成受害者认识或信任的人，并向他们发送包含个性化设置的电子邮件，如用姓名或职称来称呼受害者。常见的鱼叉式钓鱼会向某家服务提供商的用户发送邮件，此处我们以谷歌邮箱为例。攻击者使用一个看起来是官方账户的账户发邮件告诉用户他们的账户被黑客攻击了，然后该邮件会将用户重定向至虚假网页以收集用户验证信息。用户会认为自己正在与谷歌邮箱交互，所以愿意输入密码。2016 年年初，针对希拉里·克林顿（Hilary Clinton）的竞选主席约翰·波德斯塔（John Podesta）的邮件泄露事件使用的就是这种攻击方式。[1]

克隆式钓鱼将这种个性化设置更进一步，直接使用用户之前

1　Lorenzo Franceschi-Bicchierai, “How Hackers Broke Into John Podesta and Colin Powell’s Gmail Accounts,” Motherboard - VICE, October 20, 2016. 详见 https://motherboard.vice.com/en_us/article/mg7xjb/how-hackers-broke-into-johnpodesta-and-colin-powells-gmail-accounts。

的邮件来达到攻击用户的目的。攻击者以用户先前收到的合法电子邮件为模板，仿照该模板向受害者发送电子邮件，只是里面加了恶意链接或附件。由于这些电子邮件和用户之前收到的邮件十分相似，要想将其区分开来还是很难的。

电子邮件提供商不断将新的反网络钓鱼策略纳入自己的服务。自然语言处理、机器学习等模式匹配技术已成功用于发现网络钓鱼电子邮件并将其标记为垃圾邮件。尽管目前为止我们讨论到的网络钓鱼技术要求具备一定程度的技术素养，但是许多攻击者使用的是非技术途径。语音钓鱼就是一个典型例子，它是一种通过电话进行的钓鱼。曾经有攻击者成功运用了该技术，他们冒充成国税局代理人，在电话里威胁接电话的人必须在指定的国税局官网上完成付款，否则就会被逮捕。当然，这笔钱最终不会落到国税局手里，而是直接进入攻击者的口袋。

要想保护自己免受网络钓鱼攻击，您必须保持警惕。不要打开来自未知发件人的电子邮件，也不要打开主题可疑的电子邮件。垃圾邮件过滤器早已有之，但是它们并非十全十美。所以，应该尽量避免在电话和邮件中泄露个人信息。如果非得向某人提供此类信息，请务必确保自己在与权威的真实对象打交道。

在本节中，我们讨论了攻击者如何通过社会工程攻击和网络钓鱼攻击来获得查看用户数据的权限。其他常见的对保密性的攻击包括数据包嗅探、端口扫描和键盘记录。要想保护秘密，可以考虑锁定访问信息的接入点，包括让自己也无法访问信息，其中，最直接的方式就是在不使用计算机或手机的时候将其锁定。接下来，我们将讨论针对信息完整性的攻击。

完整性

在小学常玩的游戏“打电话”中，信息以耳语的形式从一个人传到另一个人的耳朵中。如您所想，人们会传播自己误解后的信息，不断地被误解之后，该信息最终会完全变成另外一条信息。虽然并不是故意的，但是原始信息的完整性经常受到损害。此处的完整性指信息的可信度，即信息接收者可以相信他们接收的信息未做任何更改，并且来自自己期望的发送人。鉴于冒充成另一个安全用户有其难度，从技术上来讲，攻击完整性还是很复杂的。我们将在下文讨论三种攻击：中间人攻击、注入式攻击、伪造攻击。

中间人攻击指攻击者在信息发送方和接收方之间拦截信息。重放攻击就是一个例子。例如，在前文提到的爱丽丝和鲍勃的例子中，攻击者查理窃听他俩的秘密（也许是密码）。在以后的交易中，查理可以用这个秘密来冒充爱丽丝。在某个交易中，鲍勃认为信息来自爱丽丝，但实际上它是一条来自查理的信息，因此信息的完整性被破坏了。重放攻击向我们展示了攻击对网络安全的多个要素的威胁，在重放攻击威胁信息完整性的同时，查理还可以利用爱丽丝的秘密来攻击信息的保密性。

注入式攻击指攻击者通过提供恶意输入在应用程序中运行破坏性代码。我们以一个使用用户输入来执行 SQL 数据库查询的应用程序为例。攻击者可能输入有害代码导致应用程序运行破坏性查询，此查询可能破坏整个数据库。注入式攻击非常普遍且具有破坏性，因此它位列开放式网络应用程序安全项目公布的 2017 年十大网络应用程序安全风险之首。[1]

跨站点脚本（XSS）也属于注入式攻击。在 XSS 中，攻击者会在网站中插入代码以获取敏感信息，通常是 cookie。先前提到过 cookie 是基于字符串的令牌，网站可用它保存用户特定的设置和身份验证。想象一下您的网站要呈现用户提交的 HTML 格式评论的最终结果。该评论可能包含一个带有 JavaScript 脚本的脚本标记，该 JavaScript 脚本会窃取访问该网页的用户的 cookie。新用户加载页面时，脚本会自动运行，攻击者便可以用这些偷来的 cookie 冒充受害者进行身份盗用。

伪造攻击指攻击者冒充成用户的攻击。这种形式的攻击同样发生在中间人攻击中，但是中间人攻击针对的是双方之间正在进行的交流，而伪造攻击主要针对单向沟通渠道。例如，跨站请求伪造（CSRF）会破坏从用户到网站的通信。CSRF 会利用您退出网站后 cookie 还处于活跃状态这一特点，在您返回网站之后识别出您。如果您最近访问过最喜欢的那个购物网站，即使您离开了

1 “OWASP Top 10-2017: The Ten Most Critical Web Application Security Risks,” Open Web Application Security Project. 详见 https://www.owasp.org/www-project-top-ten/2017/Top_10。

该网站，它也会保留一个 cookie。攻击者可能会让您点击钓鱼邮件中的链接，或通过 XSS 运行某个脚本，该脚本会给购物网站发送恶意请求，例如删掉您的账户。因为 cookie 尚未过期，网站可能会允许执行该请求。防止这些攻击的标准方法是发布一个隐藏的会话令牌（即 CSRF 令牌），只在用户而非他人在线时运行请求。

切忌信任用户，尤其是用户输入的内容。用户输入的内容只有符合设定模式时才有效，例如银行会检查用户申请的存款和取款金额是否是非负的十进制有效数字。验证用户输入可以减轻黑客向您的应用程序注入代码的风险，避免不良后果。就许多威胁完整性的攻击而言，全面了解某个技术栈（如您的应用程序使用的编程语言和框架）对理解攻击者能够注入代码的漏洞至关重要。

上文讨论了从技术上来讲最为复杂的网络安全攻击：破坏完整性的攻击。我们研究了中间人攻击、注入式攻击和伪造攻击，这些攻击会寻找机会注入攻击者的代码，从而导致破坏性后果。完整性攻击还包括数据欺骗和萨拉米攻击。为了保护自己，我们学会了严格验证用户输入的内容，以确保我们所做的一切假设都是正确的。接下来我们将讨论针对数据可用性的攻击。

可用性

每个努力奋斗的小公司都梦想着自己的应用程序有一天会大

受欢迎，用户流量成百倍激增。恭喜您，它发生在您身上了！不幸的是，您的服务器不能处理如此大的流量。服务器的崩溃将导致整个网站的瘫痪。2013 年，这种毁灭性的破坏就发生了。当时，数百万的美国民众试图登录 healthcare.gov 以签署《平价医疗法案》，让该网站承受了巨大的压力。幸运的是，一群工程师拯救了这个医保网站，让数以百万计的民众得以成功注册医疗保险，而在不久之前这一网站的底层基础架构还让整个国家失望和沮丧。当应用程序无法处理这种大规模流量时，就会出现拒绝服务的情况。由于这种情况下无法获取资源，因此资源的可用性遭到了破坏。

有些攻击者会发送虚假请求到您的应用程序中，故意引起拒绝服务，直到程序崩溃，合法用户无法进行访问。这种攻击就是拒绝服务（DoS）攻击。打击合法 DoS 的唯一方式是将流量扩至您的应用程序能够处理的程度，您也可以通过阻挡破坏性请求来组织或打击 DoS。一个成功的反 DoS 计划必须做到以下两点：定义一组预期流量模式，删除与这些模式不匹配的流量。

一种直接的方式是通过跟踪发起攻击者请求的服务器来阻止所有来自这些服务器中的流量。但是，这种做法在 DoS 最常见的迭代——分布式拒绝服务（DDoS）攻击——中变得很困难。在 DDoS 中，恶意请求来源于许多服务器，结果就是创建能够成功过滤这些恶意请求的模式会变得更加棘手。像 Cloudflare 这样提供相关服务的企业会使用高级模式创建技术（如机器学习）来保护您的应用程序免受 DoS 和 DDoS 攻击。

攻击者还使用勒索软件来攻击数据的可用性。勒索软件指阻止用户访问数据的软件，有时候会使用锁定计算机这种方式。勒索软件让人讨厌，而且对安全领域专业人员来说处理起来也很烦琐。但是，勒索软件常常会提取用户的数据并将其加密，之后，攻击者会要求用赎金来交换解密后的数据。我们将在后文提到，要想在没有解密密钥的情况下破坏完整的加密几乎是不可能的，所以受害者必须通过支付赎金的方式来恢复自己的数据。

对包含代码或联网的硬件设备来说，针对可用性的攻击尤其危险。震网是一种计算机蠕虫病毒，它通过攻击运行某种特定类型软件的机器，导致相关离心机运行失控，最终破坏了数十万台离心机（一种实验设备）。像震网病毒这样的攻击针对的是控制系统安全，尤其是工业系统。离心机坏了可以换，但是对控制系统的攻击可能会使大规模系统（如水坝）崩溃，其后果不堪设想。

这一部分研究的攻击并不会访问或操纵数据，而是阻止用户查看和使用相关数据。其他可用性攻击还包括物理电源攻击和会话劫持攻击。验证收到的请求后过滤可疑请求，对阻止可用性攻击至关重要。

网络安全三要素作为一个十分有用的框架，有助于查找漏洞，也有助于集思广益，看黑客可能采取哪些方式窃取您的信息，但它无法穷尽所有攻击。因此，了解实用的安全协议十分重要，我们可以参加 Black Hat 和 Defcon 这样的大型会议、阅读论文、跟进我们使用的服务的技术优势和缺陷。我们也可以从美国国家标准技术研究院和欧洲联盟网络与信息安全局那里获取和网络安全保护相关的优质资源。

预防措施

幸运的是，您可以使用一些预防措施来保护自己的应用程序。这些大家普遍认可的安全实践会对您很有帮助，不过本节更像一个简要介绍，有其不全面之处。您应该有属于自己的安全团队致力于加强安全措施和应对各种攻击。

加　密

加密是最佳防御措施之一，它将纯文本消息转换为密文，这样第三方就无法通过密文弄清楚原始文本。本质上，加密只是改变了数据的呈现形式，包括音频和图片在内的所有数据类型都可以做加密处理。改变文字顺序是加密纯文本的一种简单但不太安全的方法。例如，我们可以将纯文本“敏捷的棕色狐狸越过了一条懒惰的狗”转换为密文“狗的惰懒条一过越狸狐色棕的捷敏”。

密文可能看起来乱七八糟，但是您只要仔细看，就会发现“的”字出现了两次，我们可以以此为切入点，弄清楚它的加密方式和背后的秘密信息。

上述例子说明简单的加密方案并不可靠。鉴于数学和语言模型可以破解比较简单的加密协议，您应该使用经典的且经过严格测试的加密协议和系统。尽管从理论上来讲，特别复杂的加密方法也可能被破解，但是破解这些加密需要投入大量的资源和时间，因此它们实际上可以说是牢不可破的。

许多加密系统和协议的基础为公钥加密，它使用两条辅助信息：公钥和私钥。私钥必须由其持有者保密，而任何人都可以访问公钥。如果爱丽丝想给鲍勃发送一条经公钥加密（也叫非对称加密）的纯文本信息，她会将自己想要发送的信息连同鲍勃的公钥输入加密算法中，然后就生成了密文。收到密文后，鲍勃将密文和私钥输入解密算法中来解密信息。以既安全又高效的方式创建公钥和私钥其实是很困难的。密钥生成密码系统（目前最著名的当数 RSA 加密算法）经常使用数学方法来创建可做秘钥的大数字。

用于维护互联网通信安全的传输层安全协议（TLS：Transport Layer Security）是一种基于公钥加密的加密协议。它由两部分组成，第一部分对客户端和服务器这两方进行身份验证，然后创建一个安全的渠道来交换信息。第二部分则确保数据传输的安全，可能是从客户端传输至服务器，也可能是从服务器传输至客户端。

TLS 在互联网上广泛应用于确保网站、API 等的安全。

加密对保证数据安全至关重要。所有数据（包括客户数据和公司数据）都应加密，仅在必要时解密。一条数据的生命周期有三个阶段：使用中的数据（从永久存储器中提取的数据），静态数据（存储在永久存储器中的数据），传输中的数据（两个系统之间的数据）。我们使用加密来保护静态数据和传输中的数据——例如，TLS 保护的就是传输中的数据。

在通信领域，一些产品已经采取措施在整个生命周期内对数据进行加密，我们称其为“端到端加密”（end-to-end encryption）。还是以爱丽丝和鲍勃为例，假如爱丽丝发给鲍勃的信息进行了端到端加密，那么原始信息只对爱丽丝和鲍勃可见。即使爱丽丝使用第三方客户端来发送信息，该应用程序还是会在完成加密后立即丢弃纯文本。

我们主要讨论的是点对点通信中的端到端加密，例如电子邮件和即时消息服务。端到端加密在电子邮件中的使用率相对来说比较低，原因主要有二。一是我们依赖电子邮箱提供商来过滤垃圾邮件，这就意味着他们必须能够阅读邮件中的内容。二是电子邮箱提供商比较分散，而端到端加密缺乏一定的行业标准。例如，将一封加密电子邮件从谷歌邮箱账户发送到雅虎邮箱账户需要两大服务提供商使用同一加密方案，或者要求用户使用同一加密方案并交换公钥，整个过程很麻烦。但是，端到端加密正在即时消息领域开始普及。为了做到真正的安全，您可以使用 Signal 应用程序，它既支持端到端加密，又是开源应用程序（这就意味着，包括安全专家在内的任何人都可以通过阅读它的源代码来验证它的安全性）。Signal 是如此安全，以至于其他（闭源）应用程序（如脸书的 Messenger 和 WhatsApp）都使用 Signal 的协议来实现端到端加密。

密码保护

从个人层面上来讲，最重要的预防措施是使用强密码。创建安全密码的方式有很多：使用特殊字符和数字、增加密码长度、使用密码短语、不重复使用密码等。但不得不承认，我们很容易忽略这些做法，所以好好遵循十分关键。2016 年 Verizon 发布的数据泄露报告显示，63% 的数据泄露是因为使用了弱密码或密码被盗。[1]

密码管理器 LastPass 于 2017 年发布的报告显示，平均每个 LastPass 用户有 191 个密码，记忆这些密码对任何人来说都太难了。[2] 诸如 LastPass 和 1 password 这样的密码管理器会将所有密码放到一个受主密码保护的“保险库”中，让密码的组织和使用

1 “2016 Data Breach Investigations Report,” Verizon, April 2016. 详见 http://www.verizonenterprise.com/resources/reports/rp_dbir-2016-executivesummary_xg_en.pdf。

2 “The Password Exposé,” LastPass, November 1, 2017. 详见 https://lp-cdn.lastpass.com/lporcamedia/document-library/lastpass/pdf/en/LastPass-Enterprise-The-Password-Expose-Ebook-v2.pdf。

更加容易。密码管理器还具备自动填充和自动生成密码功能，在网站上注册账号时，密码管理器会自动为您创建一个强密码。这样您只需要记住一个主密码。这个想法的初衷是，不管您设的密码有多么好记，记住一个复杂密码要比记住多个简单密码简单得多。因此，猜出您的密码就变得更加困难了，这就增加了密码强度。

尽管密码管理器也可能遭受黑客攻击，但“保险库”里的数据受多层加密保护。即使黑客盗取了密码管理器的“保险库”，他仍然无法访问您的数据，因为这些数据处于加密状态，被您的主密码锁定了。要想解密，黑客需要获取您的主密码，但是因为采用了散列过程，您的主密码不会存储在任何位置。只要您合理设置主密码，黑客就没法将它猜出来。总之，将所有的密码都放到密码管理器中听起来可能有点吓人，但是大多数安全研究人员一致认为它是创建、存储和使用密码最安全的方法。

用户创建密码后，不将其暴露出去十分重要。如上文所述，我们使用散列过程来保护密码。和加密一样，散列将一段数据转换为不同的形式，即一段散列。但是和加密后的密文不一样，散列不可逆。散列可以很好地验证信息，因为在同一纯文本上运行散列函数（如用户首次设定密码和他后来用密码登录时）会产生相同结果。但是，我们不会存储原始纯文本，也无法通过散列副本回溯纯文本。

身份验证的方法

身份验证因子指用户证明自己就是自己的必需品。身份验证因子分为三类：知识因子（“您知道的东西”）、财产因子（“您拥有的东西”）和内在因子（“您是什么”）。

身份验证中最常用的是知识因子。例如，密码是用户必须了解的信息。知识因子的另一种呈现方式为安全问题：“您母亲的娘家姓是?”“您的第一辆车的品牌和型号是?”您如果看过电影《盗梦空间》（*Inception*），就会发现知识因子相对来说更容易破解，原因主要有以下三个：（a）它们通常很简单；（b）它们的信息是固定的，这也就意味着它们永远不会改变；（c）它们遵循某种常见的格式。鉴于人们必须记住自己的密码，他们通常会选择将秘密与自己的个人信息联系起来，如通常很容易猜出来的生日和宠物的名字。安全问题显示的信息可能连侦探都无法看出来，甚至攻击者都不知道您的第一辆汽车的品牌和型号，因为可能正确的答案太多了，他们得试很多次。知识因子是当前最普遍的身份验证方式，但是它不能保障越来越重要的网络安全。

因此，许多系统开始使用双因子验证（2FA），即在知识因子的基础上加一层身份验证。第二层通常为财产因子，根据用户拥有的东西对用户身份进行验证，例如您家的大门钥匙或车钥匙。对很多网络应用程序来说，财产因子为用户的手机。该应用程序可能会通过短信或手机软件（如 Authy 或 Duo）给您发送一次性密码。其中，短信因为绑定了您的手机号码，所以更容易遭黑客攻击。攻击者使用钓鱼攻击的方法，以丢失手机为幌子给手机服务提供商打电话。手机服务提供商允许他们更换接收验证短信的手机号码，让他们能够窃取一次性密码。最安全的财产因子当数为验证身份而设的独立硬件令牌（如 Yubikey）。Yubikey 是一个可以直接插入用户计算机的小型设备，无须联网就可以生成一次性密码。

有时，第二层验证也可以使用内在因子。内在因子是一种利用用户身体特征的生物识别标准。iPhone 的 Touch ID 允许用户使用自己的指纹登录，它就是一种内在因子，视网膜扫描和面部识别也是。尽管内在因子用起来很容易（扫描指纹比输入一次性密码更加方便），但是它们没有其他身份验证方案那样受欢迎，因为一旦受损，就没法找到替代方案了。例如，如果黑客想要窃取您的指纹数据，您其实无法使用合理途径更改自己的指纹，但是改密码就很容易了。将这些生物识别数据加密后存储在本地（如直接存到手机上）可以降低这种风险。由于数据没有在不同位置之间传输，攻击面（即攻击者攻击应用程序的点位数量）较小，这就意味着攻击者很难入侵应用程序。因此，内在因子通常只适用于那些与某个设备绑定了的应用程序，该设备无须在云端存储生物特征。

多因子身份验证（MFA）可以保护您免受攻击者的攻击，例如用重放攻击窃取您的凭据。如果黑客尝试使用您的密码进行登录，他们并不会成功，因为缺乏第二层身份验证。请务必记住，如果发现有人窃取了您的登录凭据，您还是可以轮流使用这些凭据。对个人而言，最安全的做法就是在所有支持多因子身份验证的应用程序上添加这种验证方式，从银行账户到社交媒体账户无一例外。但是，要求您的用户使用多因子身份验证可能不是一个正确的决定。尽管多因子身份验证可以提升安全性，但并不是所有的用户都将安全性放在第一位，所以，有些用户会觉得使用多因子身份验证很麻烦。任何情况下，支持多因子身份验证都是一个好做法，即使您可能没有强制。

网络连接安全

网络连接安全指维护访问和传输信息的网络（包括用户端和公司服务器）的安全。以下介绍的工具不仅供个人使用，还可以供一个家庭共享网络或企业共享网络中的所有人使用。

从个人角度来看，浏览互联网时保护自己的最简单的预防措施，是使用超文本传输安全协议（HTTPS：Hypertext Transfer Protocol Secure）。它使用前文提到的 TLS 保护网络流量的安全。浏览网页时，请确保网址开头使用的是 HTTPS，而不是 HTTP，因为后者没有包含 HTTPS 的加密。在有些浏览器中（如 Firefox 和某些版本的 Chrome），您还可以通过查看网址栏中的锁来验证自己在浏览网页时是否使用了 HTTPS。浏览器也可能自主屏蔽使用过时或不安全的 TLS 设置的网站。

除了使用 HTTPS，还请提醒自己在上网时谨慎操作。仅下载来自可信任来源的软件，并注意网站中的广告是否含有恶意软件。打击此类广告的一种简单做法是安装广告拦截器，例如 uBlock。鉴于攻击者经常创建超链接，声称它可以链接到谷歌搜索，结果把您送到了一个危险的站点，您最好直接在浏览器中输入网址，而不要点击某个链接，保护自己免受前文提到的网络钓鱼攻击的威胁。

为了进一步维护网络连接安全，您还可以使用虚拟专用网（VPN：Virtual Private Network），通常使用第三方 VPN 服务提供商。VPN 使用加密隧道将网络请求（通常为网站导航）发送至远程服务器，然后远程服务器将请求发送至公用网络。在某个咖啡店使用公用网络浏览网页时，这种方式很有用，因为您的流量已被加密，而且它看起来似乎来自另一个 IP 地址，该 IP 地址由 VPN 服务提供商管理。即使公用网络并不安全，您的数据依然是安全的，因为 VPN 隧道会对它们进行加密。

许多工作场所都会使用 VPN，尤其是那些需要员工远程办公的工作场所，这样使用不同的本地网络（如自家 Wi-Fi）的工作人员可以共用同一专用网络。然后，VPN 中的计算机可以识别哪些计算机和自己在共用同一网络，如果是，就可以信任。本质上，VPN 可以用作单点身份验证，和员工戴工牌进入工作场所很像。

最后一个维护网络连接安全的预防措施是使用防火墙或代理。防火墙可以阻止来自用户指定站点的流量访问您的 IP 地址，反过来也能保护您免受恶意网站和攻击者的伤害。代理是用户与外部网络之间的中介，可以执行各种功能，如屏蔽恶意网站和掩护 IP 地址，使用户免受窥探者或潜在攻击者的伤害。

在应用程序中采取安全措施

了解了这么多的攻击、工具和预防措施，我们下一步就是牢记这些知识，将其运用到团队开发流程中以增强应用程序的安全性。接下来讲解的三个步骤可以指导您维护应用程序的安全：保护应用程序、保持安全、减少损失。

保护应用程序

您可能一想到保护自己的应用程序就感到很痛苦。幸运的是，有好几个开源库和软件包帮您执行安全协议和实施安全措施。使用开源库很重要，因为实现安全性十分困难——一旦安全保护不到位，您的应用程序就很容易受到攻击。比较受欢迎的开源库具有强大的功能实现，因为所有人都可以查看代码并指出漏洞。我们寻找的开源库应该运转良好，而且开发人员能够及时处理出现的问题。

我们已经讨论了很多攻击和预防措施，从中得到的教训是：绝对不能信任用户。特别是 SQL 注入式攻击这样针对完整性的攻击，就依赖于不良用户输入内容对应用程序造成损害的能力。如前文所述，验证用户输入是保护自己免受这些攻击的一种方式。

另一种方式是访问控制，指设置权限让用户只能访问自己需要的内容。假设某家银行会为每个用户提供一个主页网址 mybank.com/username/home。通过猜用户名，攻击者可以找到其他用户的主页然后访问敏感信息，很明显这是针对保密性的攻击。因此，银行可以核查登录用户的用户名是否和与用户想要查看的网页关联的用户名相匹配。正当的访问控制指用户查看相关内容（如银行首页）或执行相关操作（如从账户中取钱）时拥有匹配的权限。

保持安全

现在您的应用程序已经完成了第一个安全版本的构建，您可能希望接下来将所有的精力放在产品营销上。但不幸的是，就像那句俗话说的“黑暗永无尽头”，不良用户不会停止攻击您的资源。即使您现在并没有积极地开发新功能，您也必须采取预防措施来确保自己的应用程序是安全的，其中，测试和安装更新就是两项基本措施。

安全测试建立在应用程序开发测试之上。常规测试不一定发现所有 bug。寻找安全 bug 非常重要，因为它们可能导致严重后果，而逻辑 bug 或渲染 bug 最坏情况也只不过让用户体验不佳。要想捕获这些高风险 bug，开发人员可以使用渗透测试，该模型可以模拟针对应用程序的安全攻击。它采用模糊化处理，将随机生成的内容输入应用程序中，并确认输出结果有效且符合预期。模糊化处理可用于模拟其他测试可能无法发现的极端例子。许多公司还雇用道德黑客来发现系统漏洞，如此就可以在不良用户发现并利用这些漏洞之前对其进行修复。

应用程序中的错误并非唯一值得关注的错误。您的工作将不可避免地依赖他人搭建的平台、框架和库。有时候，这些第三方会发现安全漏洞然后发布更新来修复它们，我们称其为“补丁”（patch）。及时安装更新十分关键。即使安装了补丁，您的应用程序依然容易受到等待修复的安全漏洞的攻击。在前文提到的 Equifax 案例中，发布补丁数月之后，黑客利用一个 Equifax 没有及时更新的第三方库的旧版本进行攻击。[1] 这些漏洞甚至存在于最完善的库中——“心脏大出血”（Heartbleed），它是一个出现在加密程序库 OpenSSL（被广泛用于 TLS 的实现）的安全漏洞，为破坏

1 Lily Hay Newman, “Equifax Officially Has No Excuse,” WIRED, September 14, 2017. 详见 https://www.wired.com/story/equifax-breach-no-excuse/。

性最强的攻击开路。我们先前已经讲过，TLS 用于保障计算机之间的通信安全。利用 Heartbleed 协议，黑客可以操纵用户请求、欺骗计算机发送比先前能访问的信息多得多的信息。有时，这些数据包括用户名和密码这样的个人信息。此处黑客有一个很重要的发现：接收端的计算机未验证他们请求收到的信息。这个例子再一次说明验证用户输入的内容很有必要。

减少损失

即使您遵循了上述所有做法，黑客还是可能闯入您的系统。新的攻击手段层出不穷，您的应用程序不可能百分之百安全。遭受攻击之后，您必须努力保护资源，并想办法尽快恢复。第一步就是检查您的系统日志。日志是和操作、交易或事件相关的报告。计算机日志十分有用，因为它们可以连续监视某个系统，您也可以选择日志包括的内容。例如，用户登录或您的应用程序调用 API 时，您可能使用日志记录。大部分日志内容应该是无害的，毕竟您在网站上的大多数活动是有效的。但是，出现可疑活动时，日志可以帮忙轻松发现恶意或欺诈行为。以信用卡公司为例，它注意到某个用户的登录凭据突然出现在另一个地方。此时，要么是该用户去其他地方旅游时使用了自己的用户凭据，要么是自己的用户身份遭窃。不管是哪种情况，日志都能让您深入了解情况，做出下一步决策。您可能需要修复错误或采取更多预防措施，例如将恶意网站添加至黑名单。

遭遇可用性攻击并失去数据访问权限后，您需要尽快恢复服务。鉴于此，最好将数据备份加密后放到不同的地理位置。这样，即使您不小心丢失了数据，如手机掉入了水中，备份也能让您在某种程度上安全还原部分数据，而不会丢失所有。将备份存储在不同的位置能让您的数据免受各种物理攻击。

当您提供敏感服务时，数据备份尤其重要。以 WannaCry 勒索软件为例，它曾攻击了英国国家医疗服务体系（NHS）的 60 多个组织。NHS 在网络安全方面的宽松做法让 WannaCry 有机可乘，对系统造成破坏，但是备份系统让大多数组织能够在不丢失数据和不支付赎金的前提下，从攻击中恢复过来。对服务危重症患者的卫生系统而言，这种快速恢复的能力至关重要。因为有强大的企业备份系统的支持，与其他勒索软件相比，WannaCry 只是让受攻击的企业丢失了数据的一个副本，所以造成的经济损失要小得多。

结　论

本章我们介绍了一些大家最为熟悉的攻击和相应的应对措施。我们提到了网络安全三要素是维护网络安全的一大模型，我们还分析了攻击者突破您的安全防线时可能用到的方法。此外，我们还讨论了可能采用的保护措施，如加密、多因子身份验证和防火墙。最后，我们简要描述了维护网络安全的过程，以构建安全性开始，以降低攻击损失结束。但是，您的应用程序仍可能是不良用户的攻击对象，所以，保护自己和公司免受这些攻击是您的责任。愿您建立良好的防御屏障！

第十三章
移动设备基础知识

特别感谢阿希·阿格拉沃尔和琪纳·班纳吉贡献此章

直到现在，我们都预设 MyAppoly 仅仅是一个网络应用程序，但现实是许多产品（如 Snapchat 和 Lyft）部分或完全以移动应用的形式存在。这些公司优化了手机应用体验，与传统的计算机相比，手机安装了各式各样的工具，是一种可以随身携带的小型设备。我们到目前为止讨论过的许多结构仍然适用于手机，但是一款成功的移动应用程序并非再现电脑桌面体验，它需要专为移动设备设计。所以，让我们一起深入了解移动设备开发的复杂知识吧！

简要介绍

自 20 世纪 70 年代手机问世以来，这种掌上电脑的功能迅速拓展。21 世纪初，黑莓手机因突破了发短信和打电话，加入电子邮件功能而声名鹊起。而后，随着智能手机的出现，用户除了用手机打电话，还可以做其他很多事情。现在，我们可以利用这种非常方便的设备来跟踪我们的健康状况，设置警报，使用打车服务。本章重点介绍智能手机，但实际上移动设备还包括手提电脑。

移动应用市场蓬勃发展。2018 年，全球移动手机用户数量突破 50 亿大关。[1] 对网站而言，移动设备带来的流量比台式设备带来的流量多。[2] 而且，预计 2020 年移动应用程序将带来近 2 000 亿美元的收入。[3] 这个消息振奋人心，但移动应用程序究竟是什么？——为在移动设备上运行而专门设计和编写的程序。正如我们看到的，移动应用程序为我们敞开了新世界的大门，同时也带来了新的考虑和限制。

为什么为手机开发

在深入研究如何开发移动应用程序之前，您需要了解开发移

1 McDonald, Nathan, “Digital in 2018: World’s Internet Users Pass the 4 Billion Mark,” *we are social*, January 30, 2018.

2 Enge, Eric, “Mobile vs Desktop Usage in 2018: Mobile takes the lead,” Stone Temple, April 27, 2018.

3 Takahashi, Dean, “Mobile app market to grow 270% to $189 billion by 2020, with games accounting for 55%,” VentureBeat, November 2, 2016.

动应用程序的目的和时间。很多情况下问题的答案显而易见，例如拼车和地图应用程序就具备明显的移动应用条件。可对其他产品而言，问题的答案就不那么直接了，不过在路线图方面，移动应用程序往往很有用，因为它可以扩展功能和用户群，自身也可以更加多元。在 MyAppoly 一例中，您的团队认为，要想吸引新用户，就必须开拓移动设备业务。

尽管 MyAppoly 首先创建了适用电脑桌面的网页应用程序，但是许多应用程序仅考虑适用移动设备的功能，还将其设置为默认设计。这一过程就是“移动优先”开发，它可以带来更好的移动用户体验和更加精简整洁的桌面设计。移动应用程序设计几乎不需要在屏幕上加入元素就可以轻松转换至电脑桌面，但是，要想从电脑桌面转移至移动设备，设计师们就必须考虑哪些东西需要删除。

移动应用程序与桌面应用程序

移动应用程序与前文频繁出现的网络应用程序非常相似。和传统的网络应用程序一样，移动应用程序也有前端和后端，也利用 API 和其他外部资源。在本章，我们将传统的网络应用程序称为桌面网络应用程序。您可能下载过一些桌面应用程序，例如文字处理器或电影剪辑软件，但本章主要比较移动应用程序和桌面网络应用程序。

移动设备开发和桌面开发之间的区别还是非常大的。接下来我们将简要分析这些区别，以理解为什么需要进行移动设备开发。这两大平台的区别主要体现在以下四个方面：尺寸、交互方法、功能和便携性。让我们来逐个分析：

- 尺寸：移动设备的屏幕比电脑桌面要小得多，这限制了每页的内容量。因此，移动应用程序的用户界面必须进行相应的调整。例如，许多移动应用程序设置可折叠菜单来节省屏幕空间，而桌面网络应用程序会显示大菜单栏以呈现所有菜单选项。
- 交互方法：我们与移动设备和电脑桌面交互的方法也不同。我们使用鼠标或触控板在电脑桌面上进行浏览导航，使用独立物理键盘输入内容。在移动设备上我们则用触屏方式进行操作。
- 功能：与传统笔记本电脑相比，移动设备有很多默认内置功能，通常包括相机、定位服务、蓝牙和推送通知系统。因此，我们可以为移动应用程序量身打造一系列完全不同的功能，例如，Instagram 首先在移动设备上发布，是因为大多数人主要使用手机来拍照。
- 便携性：便携性意味着人们可以随时随地使用自己的智能手机。所以：（a）内容的呈现必须简单，（b）有额外的实时案例,（c）蜂窝数据不同于宽带网络。让我们进一步分析这几点。人们通常每隔一小段时间就浏览一下自己的智能手机，因此，用户交互需要十分迅速。桌面网络应用程序上的菜单栏提供了更多选择，但对时间紧张的用户来说，要想在移动设备上实现这一点并不切实际。鉴于人们会边走边用手机，此时移动应用程序就需要重点关注实时操作，例如拼车。最后，应用程序经常通过蜂窝数据访问互联网，与 Wi-Fi 和以太网相比，蜂窝网络速度会更慢，可靠性也差一些。所以，移动应用程序可能会针对速度进行优化。有如此多的移动应用程序在为争取用户时间而竞争，用户完全不需要等待一个运行缓慢的应用程序，可以直接换一个。

鉴于存在上述不同，我们不仅需要认真考虑移动开发带来的限制，还要仔细思考移动内容带来的各种可能和机会。

移动应用程序的类型

移动应用程序主要有三类：原生应用程序、网络应用程序和混合应用程序。三者都很常见，而应该开发哪种应用程序还取决于产品本身。下文将讨论每种应用程序的技术基础和用户呈现。

网络应用程序

移动网络应用程序指用户通过加载 Safari 或 Chrome 等网络浏览器中的网址打开的网络应用程序，与桌面网络应用程序最为接近。它们还有一个大家都很熟悉的名字：移动网站。对很多产品而言，这些应用程序只是在支持桌面网络应用程序的后端的基础上用了一个不同的前端包装器。而其他产品使用的响应式网站既适用于电脑桌面，也适用于移动设备。响应式网站会根据设备的屏幕尺寸而改变，此处的设备还包括平板电脑和旋转式移动设备。屏幕元素可自动缩放、隐藏或移动，以让用户在不同的设备上都能获得良好的体验。

虽然与电脑桌面网站相比，移动网站的开发相对而言更容易，但是运行速度也较慢，这是因为它们并非直接在设备上运行，而是在浏览器中运行。此外，它们访问设备默认功能的能力有限，而正是这些功能让移动应用程序如此强大。所以，许多公司已经开始开发独立的移动应用程序。

原生应用程序

原生应用程序指专门为在手机操作系统上直接运行编写的程序。最受欢迎的两大操作系统是 Android 和 iOS，分别由谷歌公司和苹果公司开发。尽管某些手机也使用 Windows 或 Linux 的操作系统，但是大部分人还是使用 Android 和 iOS 系统。原生应用程序通常需要在应用商店中下载，以图标的形式显示在手机屏幕上。由于原生应用程序直接在手机上运行，无须使用浏览器为中介，它的运行速度比移动网络应用程序要快。

开发人员编写原生应用程序的一个重要原因是它们容易利用其他功能（如相机和定位系统）。与外部后端或 API 不同的是，这些功能可以离线访问，这让应用程序支持脱机功能。原生应用程序也可以在本地存储脱机数据库，该数据库不受用户使用情况影响。这些应用程序可以跟踪和保存用户交互，不需要网络服务也可对相关内容（如本地存储的照片和笔记）进行操作——想想手机上的图库或音乐播放器。

此外，这种本地数据库在提供个性化内容方面也很有用。桌面网络应用程序可以存储信息以进行个性化设置，它们通常使用用户账户，如将您之前所有的购物订单统一放到奖励会员资格中。人们使用多个浏览器或多台计算机，但是只使用一部手机，移动应用程序的用户账户通常在一部手机上实现交互。所以，许多移动应用程序可以移除常常阻碍新用户访问的强制登录功能。

与网络应用程序相比，原生应用程序还内置更多的安全预防措施。移动操作系统还为独立应用程序提供额外的安全措施，而这些安全措施是系统无法向移动网站提供的。这些应用必须通过审核才有资格进入应用商店让用户下载，而移动网站没有这样的验证系统。然而，对黑客来说，与移动网站相比，原生应用程序是更有价值的攻击对象，因为他们可以通过原生应用程序访问更多的功能。移动应用程序和移动网络应用程序都很容易受到安全攻击，因此，无论您选择前者还是后者，都应多加小心。

混合应用程序

移动应用程序的最后一类是混合应用程序，它结合了原生应用程序和网络应用程序多个方面的特点。和移动网站一样，混合应用程序也通过网页浏览器来运行，只是此处的浏览器通过网页视图被内置到了应用程序中。所以，混合应用程序运行起来没有原生应用程序那么快。但是，混合应用程序也有自身优势，例如访问特定功能（如相机与定位系统）。此外，它可从应用商店直接下载，还以独立图标的形式显示在手机屏幕上。有些混合应用程序使用桌面网络技术来编写，这也就意味着，如果某款桌面网络应用程序已经存在，那么对应的混合应用程序的编写就要简单很多。

虽然混合应用程序可以利用原生技术，编写起来也更容易，但是它仍然有一系列缺点。使用单独的网页视图速度慢，而且无法访问所有设备功能。此外，由于这些网页视图使用的是网络技术，其设计通常没有遵守设备设计原则。而且，即使遵守了相关原则，使用起来也可能比较棘手。公司通常会在开发周期的早期创建混合应用程序以启动一些轻量级产品，然后在未来转为原生应用程序。对那些具备网站开发经验而没有移动平台相关技术的团队或可以牺牲速度的简单应用来说，混合应用程序是十分不错的选择。

我们已经讨论了网络应用程序、原生应用程序和混合应用程序的区别，接下来我们将讨论独立应用程序（如原生应用程序和混合应用程序）的开发，因为编写它们使用的技术不同于编写桌面应用程序使用的技术。

独立应用程序开发

独立应用程序指不借助网页浏览器，可以通过应用程序图标直接访问的应用程序。这些应用程序是专门为某个操作系统编写的，通常可以在所有装载该操作系统的智能手机上运行。下文将简要介绍开发方法和相关优缺点。

Android 与 iOS

如前文所述，原生应用程序可以直接在手机操作系统上运行。

同时进行 Android 和 iOS 开发是一项艰巨的任务，因此很多公司最开始专注于一个平台。挑选平台本身也颇具挑战性，我们将在此处讲一讲不同平台的区别。Android 和 iOS 的区别主要体现在以下三个方面：用户群、开发过程和应用程序部署。

对大多数产品来说，选择平台的首要考虑因素是用户群。iOS 系统在西方国家有强大的用户群，而 Android 在全球范围内拥有更多用户。受价位高和自身品牌的影响，iOS 吸引的用户往往更舍得花钱购买应用程序和内购产品。

当然，从系统开发的角度来说，二者所需的技术能力也是不同的。Android 应用程序的开发是在 Android Studio 集成开发环境中进行的，使用的语言是 Java 或 Kotlin；而 iOS 应用程序使用的编程语言是 Swift，由苹果公司创建，在 XCode 集成开发环境中进行。Java 在全球范围内广受欢迎，而 Kotlin 和 Swift 进入市场的时间相对而言比较短，使用范围也更为有限。例如，与 Kotlin 相比较，您的队友早已掌握 Java 的可能性更大。而且，XCode 仅支持在 Mac 设备上运行，这也就意味着开发过程受计算机类型的限制，而 Android Studio 可以在各种类型的计算机上运行。受苹果公司政策的影响，iOS 应用程序的开发所受限制颇多。另一方面，Android 是一种基于开放源码的操作系统，开发人员可以检查源代码以更加深入地了解该平台。

由于 Android 应用程序需要支持各种设备和版本，其开发所需的时间更多。而由于支持 iOS 的设备相对较少且全部由苹果公司生产制造，这些设备之间的差异微乎其微。相比而言，Android设备由全球 1 000 多家公司生产制造。[1] 这一数量上的差异要求开发人员在创建 Android 应用程序时，必须将各种屏幕尺寸和设备参数考虑在内。由于谷歌公司不可能生产所有的 Android 设备，所以它无法强迫用户和设备制造商将最新的操作系统推给消费者。更新操作系统对设备制造商来说是一个痛苦的过程，他们必须保证更新后的操作系统兼容不同的手机配置。因此，他们通常不会将最新发布的操作系统强加给用户，因为这样做会导致移动设备碎片化，即不同版本的 Android 不兼容。因此，Android 开发人员必须确保其应用在不同版本的操作系统中都能正常运行。而且，过时的软件还会造成较高的安全风险，这一点我们在第十二章讨论过。许多黑客会利用 Android 设备的碎片化将恶意代码注入到 Android 上。

最后，Android 和 iOS 在将自己的应用程序部署至各自的应用商店方面也有所不同。虽然两者都没有公布它们能够接受的应用程序的数量的数据，相较于 iOS，Android 系统能够接受的应用程序的数量似乎更多。所以，应用程序被苹果应用商店拒绝的可能性高于 Android 应用商店。

Android 和 iOS 都有优点和缺点。所以，在选择将重点放在哪个平台的时候，我们通常重点考虑用户群和开发的难易程度。

---

1 "Android Fragmentation (2015)," OpenSignal, https://opensignal.com/reports/2015/08/android-fragmentation/.

如果您还是无法决定，或者想将产品发布到两个平台上，跨平台开发可能是非常不错的选择。

跨平台开发

尽管原生应用程序可提供最佳性能，但同时为 Android 和 iOS 编写和维护原生应用程序需要更大的开发成本。每个平台不仅需要不同的代码库，而且对应用程序的每一次更改都需要独立更新与测试。所以，跨平台解决方案越来越受欢迎。跨平台移动开发指开发人员编写的应用程序可在多个不同的移动操作系统上运行。好几个现有框架都支持跨平台移动开发，有些还支持开发人员完全使用 JavaScript 语言和其他网络技术来进行编程。这些框架可用于创建原生应用程序和网络应用程序。

编写原生移动应用程序使用的框架让开发人员能够使用通用组件，这些组件在不同的设备上可转换为本地组件。比较流行的框架包括 React Native、Flutter 和 Xamarin。这三种将与平台无关的代码转换为原生代码的方式是有区别的，但最终结果都是与原生应用程序运行速度几乎一样快的移动应用程序。而根据所需功能的不同，这些应用程序可能仍然需要平台特有的代码，不过大部分代码库保持不变。

混合跨平台移动框架包括 Ionic、Apache Cordova 和 Onsen

UI。前文已经讲过，混合应用程序兼具桌面网络应用程序易编写的特点和原生应用程序的优势。和原生应用程序的框架一样，这些框架可将与平台无关的代码转换为混合代码。此外，它们还允许开发人员访问原生功能，这一点之前也讲过。

原生开发 VS. 跨平台开发

对许多产品来说，跨平台开发有其意义是因为它具备很多优势，主要体现在以下三个方面：开发效率、开发人员可访问性和用户曝光度。

原生开发与跨平台开发的最大区别，是开发周期的效率得到了极大的提高。由于开发人员只需要编写和维护一个代码库，我们可以更快地发布更新。使用网络技术还可以加快开发进程。网页代码一经更改即可刷新（“热重载”），而原生代码在运行之前需要进行编译。编译时间从几秒到几十分钟不等，而且这样的延迟可随着时间的推移不断累加。

网络技术的使用让更多的开发人员能够利用跨平台开发。像 JavaScript 这样基本的网络技术相对来说广为人知，所以新开发人员可以更快地开发。此外，跨平台解决方案让公司无须为每个代码库单独聘请相应的 iOS 和 Android 系统专家。

最后，跨平台开发是吸引用户的绝佳工具。采取跨平台开发过程让您能够同时面向 Android 和 iOS 用户，而不是一开始就将精力集中于某一平台。

跨平台开发也有其缺点，包括脸书和爱彼迎在内的很多知名公司已经拒绝使用它了。跨平台开发可以加快开发周期，但是移动应用程序本身的速度也会受损。设备必须将跨平台代码转换为原生代码，而这需要额外的时间。对时间敏感、需要快速运行的应用程序来说，这可能破坏用户体验。此外，跨平台开发的应用程序无法完全利用本地代码结构。尽管这些框架涵盖了每个平台的大多数工具，它们还是无法掌握各个平台的全部复杂性。所以，较为复杂的产品仍然需要一定数量的平台特定的代码。最终，这会更像在支持三个平台而不是两个，从而削弱了跨平台开发引以为傲的高速迭代。最后，由于跨平台解决方案相对来说诞生的时间并不长，所以它在成长为一个比较成熟的框架之前，还是有可能给开发人员带来糟糕的体验。跨平台开发可以很好地服务于刚刚起步的产品，但它绝不是解决移动开发问题的灵丹妙药。

结　论

总之，何时将精力集中于台式设备，何时将精力集中于移动设备，您的选择都必须基于自己的产品规划。许多产品都想快速发布，因此它们会采用跨平台解决方案来创建混合应用程序，但是很多产品专注于优化用户体验，会选择创建原生应用程序。而对其他产品来说，一个移动网站就足够了。最终做出何种选择，还得取决于您的带宽和优先级。虽然为用户提供有意义的移动体验需要额外的投资，但它能够推动用户数量的增长，提高用户的满意度。

第十四章
物联网

特别感谢琪纳·班纳吉贡献此章

您在研究 MyAppoly 时，可能已经意识到了身边与互联网连接的并非只有笔记本电脑。您身边有很多设备与互联网连接，智能手机、智能恒温器和智能灯泡只是冰山一角。实际上，预计到 2020 年，500 亿台设备将与互联网连接。[1] 我们用科技术语“物联网”（IoT：Internet of Things）来描述这一现象。

物联网中的“物”

那么，物联网中的“物”究竟指什么？——一切可连接至互

1 “A Guide to the Internet of Things,” Intel, https://www.intel.com/content/www/us/en/internet-of-things/infographics/guide-to-iot.html.Karen Tillman, “How Many Internet Connections are in the World? Right. Now.,” Cisco Blogs, https://blogs.cisco.com/news/cisco-connections-counter.

联网并内含嵌入式传感器的设备。所以，智能灯泡是物联网设备吗？是的。智能扬声器和智能牙刷也是物联网设备吗？是的。本书呢？恐怕不是。

从技术层面来讲，任何可连接至互联网的设备都是物联网设备，包括传统的计算机。但从实际层面上来讲，物联网涉及的是您一般不认为与互联网连接的设备，例如恒温器和冰箱。

实用的物联网设备需要做到以下三点：

1. 通过嵌入式传感器收集重要数据；
2. 通过互联网传输数据并接收数据分析结果；
3. 使用数据分析结果促成有意义的行动。

所以，物联网设备需要承担三项职责：收集数据、传输数据、促成行动。接下来我们就用一个例子来进行深入探讨。假设 MyAppoly 办公室最近投资了市场上的最新款智能冰箱，其制造商为 Roost。该冰箱和普通冰箱并无二致，只是门上多了个触摸屏操作台。该操作台允许 MyAppoly 员工将冰箱连接至办公室 Wi-Fi，自定义冰箱功能，查看警报情况和其他信息。该冰箱还有一个让人颇为惊讶的新功能，那就是它能利用自身的嵌入式传感器称量冰箱中某种食物的重量，以检测是否需要重新订购某种食物。例如一组传感器负责给牛奶架上的食物称重。

上述传感器收集牛奶架食物的重量，然后通过互联网将该数据传输至另一台电脑。当牛奶架的重量低于某个值时，冰箱就会收到牛奶架快空了的警报，然后冰箱会通过在操作台上显示信息、发送邮件、文字警报等方式提醒用户在线订购新的牛奶以补充牛奶架。

物联网

了解了什么是物联网设备，接下来我们将讨论多个物联网设备是如何协同工作的。物联网是由物联网设备组成的网络，这些设备相互之间可以传输与分享数据而无须人类的参与。这么多的设备相互合作，在这种情况下，管理好设备的数据与交流很重要，使用一个叫作物联网平台的软件就可以实现这一点。物联网中的每台设备都与物联网平台相连，其中，物联网平台起着桥梁的作用，能收集并分析网络中所有设备的数据，还能单独与每台网络设备进行交流。物联网平台位于云端，所有的数据分析也在云端进行。尽管人类可以与物联网设备交互，但是实际上在物联网网络中，设备间的数据收集与共享不需要人类的参与。

在前文的冰箱例子中，美国境内所有由 Roost 制造的智能冰箱组成的网络就构成了一个物联网网络，平台即能够与每台智能冰箱交流、收集和分析网络中所有智能冰箱数据的软件。另一物联网网络是 MyAppoly 办公室内所有智能设备（包括智能冰箱、门铃和扬声器）组成的网络。尽管物联网网络中的设备功能不尽相同，物联网平台仍能与这些设备进行交流，并分析收集到的数据。亚马逊云服务物联网、微软 Azure 物联网、谷歌云物联网和 IBM Watson 都属于物联网平台。

物联网的真正强大之处就在于它能通过网络分享大量数据。让我们再一次回到 MyAppoly 办公室的冰箱例子中，MyAppoly 办公室的冰箱也是全国 Roost 冰箱网络的一部分。该网络的物联网平台每天负责收集全国范围内几十万台冰箱的牛奶重量。随着时间的推移，通过使用第十五章将提到的数据分析和机器学习的方法，该软件可以帮忙找到数据中存在的模型，从而得到相关认知，比如冰箱用户在重量达到多少时应该订购新的牛奶。通过分析一段时间的大量数据，该软件可以得出补充新牛奶平均所需的时间和冰箱用户喝完半加仑牛奶平均所用的时间。这些认知的不断积累能生成一个十分有用的牛奶重量值，而且随着数据的增多，这一值会更加准确。

通过合并分析不同来源的数据，可以形成同样有效的认知。在 MyAppoly 办公室物联网网络这一例子中，公司员工可以向智能扬声器询问牛奶的重量，然后它会回答牛奶架上牛奶的准确重量值。该扬声器能够获取这一信息是因为它可以通过共享物联网平台与冰箱交流。而且，冰箱也可以和智能门铃一起协调牛奶订单。随着时间的推移和门铃数据的积累，冰箱可以学会只在有人应门的情况下订购牛奶。

Roost 和 MyAppoly 办公室物联网网络中的数据和相关认知对其他企业、组织和物联网网络也很有用。例如，Roost 可能会慢慢了解这一冰箱品牌的用户在春季对牛奶的需求量更大，然后，它可以将这一数据卖给养殖场，使其能够管理自己的牛奶产量以更加精准地满足市场需求。同样地，在员工下班回家之前，办公室的门铃也会提醒员工家里的烤箱提前热好晚餐。

物联网系统的互操作性指不同的物联网系统可以相互交流，不同制造商生产的设备之间也可以相互交流。例如，如果 MyAppoly 办公室安装了新的通用智能灯泡，那么互操作性就意味着它和 Roost 设备可作为同一物联网的一部分。互操作性受我们平常所说的开放标准的支持，此处的标准指制造商在生产产品时需遵守的一套规范和要求。开放标准可为大众所用，而封闭标准为私人所有。当好几家公司都遵循同一套开放标准时，它们生产的产品相互兼容。在这个例子中，同一网络上的智能灯泡和 Roost 冰箱遵循同一套开放标准。开放标准鼓励创新，让不同制造商生产的设备能够更加轻松地连接起来。另一方面，因为一家公司可以对封闭标准有绝对控制权，所以封闭标准能带来更加安全和可预见的网络。

我们不难发现，如果合理利用 Roost 冰箱的数据，它带给我们的整体体验将有所改进。我们所举的冰箱例子其实总结了物联网的一大核心思想：对某一事物，我们掌握的信息越多，积累的知识也就越多，这样就能采取更加有效的行动。接下来我们将讨论哪些因素推动了物联网的快速发展。

推动物联网发展的因素

物联网的核心思想由来已久。可以说，这一想法最早是在1843年提出来的，当时的科学家希望收集用机器测量的天气数据，以更好地进行天气预报。[1] 1982年，卡内基梅隆大学的可乐售卖机连接了互联网，它能够传输相关数据，包括售卖机的库存和新到饮料的温度。[2] 到了20世纪90年代，物联网这一概念又被称为“嵌入式互联网”。[3]

近些年来，物联网的飞速发展要归功于多个领域的科技进步。还是回到MyAppoly办公室的新型智能冰箱例子中，如果没有硬件、网络、大数据及数据分析、云技术这四个方面的一系列创新，我们所举的例子根本不可能发生。

首先，Roost可以购买或制造芯片和传感器，它们小巧、便宜、功能强大，足以支持冰箱的各项功能。以前要想生产这样的部件，使其体积小到能够放入冰箱，功能强大到能够支持联网，要不就是费用过高，要不就是根本无法实现。现在，由于硬件技

1 Dr. JF Fava-Verd and Forster, Sam, “The history of Internet of Things (IoT),” Innovate UK, https://innovateuk.blog.gov.uk/2017/07/03/the-history-of-internet-ofthings-iot/.

2 “The ‘Only’ Coke Machine on the Internet,” https://www.cs.cmu.edu/~coke/history_long.txt.

3 David Kline, “The Embedded Internet,” WIRED, October 1, 1996, https://www.wired.com/1996/10/es-embedded/.

术的进步，计算机组件的体积越来越小，价格越来越便宜，能耗越来越低，功能越来越强大。摩尔定律就总结了硬件技术进步的趋势。

以仙童半导体公司和因特尔创始人之一的戈登·摩尔（Gordon Moore）命名的摩尔定律基于摩尔在 1965 年做出的惊人预测，即每个计算机芯片上的晶体管数量每过一年就会翻一倍。这意味着什么呢？简而言之，计算机用二进制语言来表达，即计算机只能理解由 0 和 1 组成的信息。第三章讲过，我们用人类可读的编程语言告诉计算机的一切事情最终都会被翻译成二进制语言，这样计算机才能理解和执行我们的指令。晶体管就是计算机内代表数字 0 和 1 的硬件实体。计算机芯片上的晶体管数量越多，该芯片的计算能力越强。随着时间的推移，晶体管的体积越来越小，计算机芯片的计算能力越来越强，很小的设备也能拥有很强的计算能力。现在我们使用的手持式智能手机比 30 年前大型超级计算机的功能还要强大。正是因为硬件技术方面不断取得进步，我们的 Roost 冰箱才能拥有现在这样的计算能力。

再者，网络方面的进步让互联网连接变得更快、更便宜、更可靠。毋庸置疑，联网范围的扩大和可靠性的增强有助于让"物"保持互联状态。对有关我们的安全与健康的物联网来说，快速可靠的互联网连接十分重要。例如，如果智能锁负责维护 MyAppoly 办公室的安全，那么互联网中断将威胁整栋办公大楼的安全。

如今，大数据技术的进步让 Roost 物联网得以成功利用海量数据资源。我们在第五章讲过，大数据具备高速（迅速更新数据）、海量（大量的数据）、多样（不同种类的数据）的特点。毫无疑问，物联网生成的数据符合大数据的标准，而且让新一代大数据技术的使用成为必然。我们的 Roost 冰箱可以生成大量有关牛奶重量的数据，现在如果我们用其他食品杂货把冰箱填满，再收集全国所有 Roost 冰箱的数据，想象一下这些数据的容量将有多大！数据挖掘、统计和机器学习（详见第十五章）方面的进步让 Roost 能够从海量数据中收集有效认知。

最后，云技术的进步让物联网能够分享和交流数据。物联网本身能够存在是因为各式各样的设备可以与云端的核心软件交流。物联网设备可以将大量数据存储在云端，但无法直接存储到设备中。因为前文提到的硬件技术的进步，这些服务器可以存储大量数据，而且费用较低。云端强大的服务器可以执行大规模的计算分析，这在小型设备上是无法实现的。

物联网应用

物联网蕴藏着无尽可能，而且几乎可以肯定的是，该领域将以我们无法预测的方式增长。与物联网相关的许多潜在领域包括：

- 企业：相互连接的智能网络有望提高很多领域的效率和生产力，例如零售、农业、能源等。例如，传感器网络可以收集农场土壤湿度的数据，提高智能洒水系统的效率，减少浇水过程中的浪费。
- 智慧城市：例如，智能交通信号灯可以利用历史数据来优化交通管制，减少交通堵塞。
- 自动驾驶汽车和联网汽车：自动驾驶汽车可以利用摄像头和各种传感器（如雷达和激光雷达）来感知周围环境并进行导航。在未来的物联网世界中，自动驾驶汽车可以相互之间分享数据，告知彼此交通事故、道路状况等信息，甚至还可以与交通信号灯和施工区域分享数据以更好地规划路线，控制交通流量，实现其他很多可能。
- 可穿戴式技术：可穿戴式技术让医疗领域潜力倍增。可穿戴式设备（如智能手表和私人健康追踪器）可以收集大量个人健康信息，如心率和失眠时间，这在以前是无法想象的。护理人员可以不间断地直接访问患者健康信息，从而更好地提供医疗服务。
- 智能家居：从灯泡到门铃，一切都可以连接互联网，连接彼此。
- 消费级机器人：机器人是一个颇为复杂的领域，需要一整本书才能解释清楚。不过我们可以简单讨论几种产品。机器人的定义：能够自动执行一系列复杂操作的机器。有的机器人可以自动给地板吸尘，有的机器人可以负责房子的巡逻和安全工作，有的机器人可以帮忙取东西。机器人联网以后，功能只会增强。例如，一群机器人吸尘器可以相互交流，分配任务，共同劳动，更加高效地清扫大面积区域。

优势和不足

显然，物联网技术正逐渐深入生活的方方面面，包括企业、家庭和健康。物联网不仅可以让我们的生活更加方便，还能让过程和互动更加智能、高效、可达。预计到2025年，物联网对经济的影响将高达一年数万亿美元。[1]

物联网的价值包括：

- 更深入的认知和更高效的行动：正如我们之前讨论过的，MyAppoly员工可受益于新型智能冰箱促成的认知和相关行动。
- 改进产品开发：Roost可能会注意到，经过几个月的使用，牛奶称重传感器与物联网平台分享数据的速度会变

1 The Internet of Things: Mapping the Value Beyond the Hype. McKinsey Global Institute. 2015.

慢。这一认识会让 Roost 明智地将资源投资到开发更好的牛奶传感器以用于下一代智能冰箱，而不是仅靠猜测来判断产品哪里需要改进。用户和设备使用状况的数据让物联网设备制造商能够更加高效地生产更优质的产品。

➢ 直接经济效益：假设一批智能涡轮机可以相互交流，共同形成一个物联网。如果 10 号涡轮机意识到自己即将停止工作，它会将自己马上就要停机这一信息发送给附近的涡轮机，后者将使用这一数据对自己的相关配置进行动态调整以补偿 10 号涡轮机停机损失的时间。这些涡轮机还能预估短期内减少的能源供应，提醒城市里的智能建筑做好相应的节能准备，这样可以将停机造成的经济损失降到最低。从涡轮机的停机到相关设置做出相应调整，整个过程都不需要人的参与，涡轮机与智能建筑形成的网络可以一起快速应对涡轮机的停机问题。

➢ 远程监控与设备控制：由于设备通过网络传输数据，我们可以对其进行远程监控。在上述涡轮机的例子中，技术人员就不需要亲自到风电场检查涡轮机的运转情况。

➢ 提高机器自动化能力：在上述涡轮机示例中，涡轮机之间的相互交流让技术人员能够监控所有的涡轮机，而不只是某一台涡轮机。技术人员能够集中精力监控涡轮机的整体运转情况，不需要将精力放在某一台涡轮机上。

当然，物联网的发展也带来了很多需要解决的新挑战。所以，随着物联网的不断发展，我们应该牢记并多加注意以下这些方面：

- 数据安全：第十二章中我们所学的各种攻击同样也针对物联网设备。物联网让黑客们有更多方式访问数据和设备，此时安全保护就变得更具挑战性。如果家庭网络被黑客攻击，那么攻击者就能完全控制被攻击家庭的智能锁，还能随时远程开锁。如果医疗保健设备（如患者的可穿戴设备）和医院设备形成的网络遭受攻击，攻击者可以访问个人健康信息，甚至还能直接控制患者的用药与治疗。如果自动驾驶汽车遭受攻击，交通劫持或攻击者设计的车祸就可能发生。所以，网络安全实属当务之急。
- 数据隐私：随着物联网的使用越来越普遍，制造商有机会访问大量的个人用户数据，从医疗健康数据到用户和智能麦克风的对话再到访客拜访某户人家的记录。这些数据都属于个人隐私，而且可能是敏感数据，所以制造商和政府有必要围绕以下方面制定相关协议：（1）数据如何存储，应该存储多久；（2）汇总数据用于分析之前是否已经去除了所有可识别个体的信息；（3）哪些类型的数据是用户可以选择与其他公司或设备进行分享的，哪些数据不可以。如果缺乏全面的数据隐私保护措施，用户不大可能接受物联网作为自己日常生活的一部分。

- 互操作性和标准：物联网设备由不同的公司使用不同的技术制造出来，我们如何知道哪些设备需要与其他设备进行沟通并制定相应标准呢？
- 基础架构：之前已经讲过，互联网依赖于遍布全世界的物理硬件形成的基础架构。物联网设备的增长给当前的网络基础架构带来了不小的压力。

结　论

本书讨论的许多技术共同创造了物联网技术，包括网络、数据库、云、大规模开发、机器学习和网络安全。物联网是一个由智能设备组成且不断扩展的网络，这些智能设备之间可以相互交流和分享信息，对新的知识和认知做出响应。尽管物联网让我们受益颇多，但是如果它继续不断发展并成为我们日常生活中必不可少的一部分，那么我们必须在保护用户数据和设备方面保持高度警惕。

第十五章
人工智能

特别感谢杰·哈沙德拜·帕特尔贡献此章

这是一个阳光明媚的早晨，您已经准备好了投入工作。出发前往办公室之前，您打开邮箱开始阅读电子邮件。邮箱会自动将垃圾邮件过滤到一个单独标签中，这样您就可以忽略这些垃圾邮件。回复电子邮件时，您可能会出现一些语法错误，好在电子邮件服务会及时纠正您。该去上班了，您的智能手机上弹出了一条消息提醒，显示根据当前的交通数据您需要 24 分钟才能到达办公室。走出家门后您会发现自动驾驶汽车已经准备好了。汽车驶向公司的途中，您可以坐在后座喝一杯咖啡。到达办公室之后，您问自己的手机："今天要参加哪些会议？"它就会朗读会议的详细信息。然后，您可以赶去参加上午 10 点的那场会议，准备开启元气满满、效率爆棚的一天。

若干年之后，以上景象将十分普遍。人工智能（AI：Artificial Intelligence）技术让我们在生活与工作中能够更加轻松地开展日常活动。AI 看上去可以和人类一样进行思考和分析，实际上需要由计算机处理大量数据后做出决定。因此，我们说人类展现的是自然的智慧，而计算机展现的是人工的智能。本章将重点介绍机器学习（ML：Machine Learning），它是 AI 的一个分支，能够从经验中学习并不断提高智能。在 ML 技术出现之前，我们只能手动删除邮箱中的垃圾邮件，但是如今的电子邮件产品（如谷歌邮箱）会利用 ML 来学习如何根据邮件内容或过往行为对垃圾邮件进行分类。由于我们越来越频繁地使用电子邮件产品，邮箱不仅能够记录邮件内容、相关链接和您的点击操作，还能让邮件分类更加精准。本章有关 AI 的所有内容都必须放到一个能够自我完善的 ML 系统中来理解。

人工智能的关键点

每种 AI 技术的存在都是为了解决某个问题或完成某项任务，这类任务有明确的输入和输出。输入是指命令 AI 解决问题的数据，而输出是解决问题的方案。AI 模型（也可称为“大脑”）是一组能够利用输入创建输出的数学函数，它能够利用提供的数据进行学习或调整和改进自己的行为，例如流媒体音乐软件 Spotify 就可以向用户推荐新歌。所以此时要解决的问题就是让推荐的歌曲符合听众的需求。输入的内容包括用户的收听历史记录、热门歌曲、相似用户的听歌偏好和其他可以帮忙推断用户可能喜欢听哪些歌的有用信息。输出即 Spotify 推荐给用户的歌曲。该模型是了解您的听歌偏好的核心软件组件。我们可以感受到 Spotify 的学习过程，因为随着时间的推移，它的歌曲推荐越来越精准，例如，最初它可能推荐最热门的 40 首歌，毕竟这些歌红遍大江南北，但是，当它接收到的信息显示您最近频繁听迪士尼歌曲的话，它会开始推荐电影原声音乐。

接下来，我们将深入探讨 AI 的四个方面：问题、数据、模型和学习。

问 题

我们使用 AI 解决问题，此处的“问题”含义较模糊，涵盖方方面面，从人类的基本需求（如食物、住所和饮水）到十分奢侈的享受（如聘请私人助理帮自己处理文案工作）。

AI 主要解决两类问题。第一类问题人类自己可以解决，但 AI 可以提供效率更高的优质解决方案。例如，人类有着几十年的汽车驾驶历史，而自动驾驶汽车有望大幅减少交通事故数量，让汽车共享这一新生态系统成为现实。这将降低汽车持有率，从而减少有害气体的排放。现在，谷歌、优步、特斯拉等众多公司已经开始投入资金和人力到人工智能汽车驾驶中。发展该项技术需要感知环境，识别车辆、行人和障碍物，然后利用这些数据进行导航。

另一类问题虽然能被人类解决，但是解决起来十分困难。所以，此时我们希望用 AI 技术打开创新之门。例如，您的好朋友也可以给您推荐一些您可能喜欢的歌曲，但是他们的歌曲存储量是有限的。如果我们可以浏览世界上所有的音乐，并把符合您口味的歌曲推荐给您，也许您会从中找到一些让自己耳目一新的音乐，在此之前这是无法想象的。

AI 的输出通常被称为“预测”，表示有根据的猜测。此处的预测并非指有关未来的假想。如果Spotify向用户推荐了5首新歌，我们就说它可以“预测”歌曲。换句话说，Spotify 可以根据以往的数据和用户收听历史来确定已知歌曲中哪些会受到用户的欢迎。通常，我们称其为“分类”问题，即 AI 尝试将输入分为一个或多个预定义类。此时，Spotify 会将知识库中的每首歌划分到以下两类:“用户喜欢”（编码为 1）和“用户不喜欢”（编码为 0），然后将 1 类歌曲推荐给用户。此处只有两类——1 类和 0 类，而且每首歌都必须划分至其中一类。类的编号视具体问题而定，但是预测越具体就需要越细致的分类。我们可以训练 AI 将其预测范围扩展至“强烈喜欢”到“一般喜欢”再到“非常不喜欢”，而这可能需要三类、五类甚至七类。相反，回归问题的输出是连续且不分类的。它做出的预测并不属于任何类，而是落在一个连续区间的某处。例如，根据某个地区历史上每月（每个月的第一天）的房屋价格数据，我们可以训练 AI，让其绘制一条平滑的线来反映这些年来房价的平均走势，以此预测未来房价。

数　据

AI 依靠大量正确、多样且平衡的数据来合理地解决问题。因为 AI 利用数据来调整和改进自身行为，所以错误的数据会教 AI 做出错误的预测。如果某个月的房价出现了误差，那么预测的房价也会有问题。更糟糕的是，有误数据（如错误的价格）会教给 AI 一些完全错误的东西。而且，即使数据正确，但数据来源有限，AI 也无法反映问题，还可能表现欠佳。例如，美国的历史房价不能用来训练 AI 预测印度的房价，因为市场不一样。

此外，AI 模型需要确保数据中房子的种类多样，包括独栋住宅、公寓套间、大别墅等，这样一栋不那么起眼的房子的价格也不会太惊人。最后，每种类型的房子都要有足够的数据量，这样可以避免某种房子的数据量过大以至于影响 AI 的学习效果。

计算机将所有的信息存储为数字，更准确地说是“位”（bit）。因此，我们在 AI 利用数据学习之前得把这些数据转换为数字。幸运的是，标准数据类型（如图片、文本和音频）在计算机中本来就以数字的形式呈现。实际上，我们将数据转化为了压缩的数字形式，即特性（feature），它能反映事物最重要的特质。假设现在您可以获取美国近百年来所有的售房信息，包括房子的详细信息和每月价格变化。要想让自己创建的 AI 能够预测未来房价，我们必须关注每栋房子的购买日期、建筑面积、地理位置和入住率，这些都是特性，它们对房价的影响也最大。此处我们并没有考虑墙漆颜色和以前的租户年龄，这是因为我们发现这些因素和房价的确没有多大关系。将最为相关的一些特性放入数字列表后，我们可以得到一个特性向量（feature vector），即 AI 的输入格式。

那么，我们又是怎么知道购房日期、建筑面积、地理位置和入住率对房价影响最大的呢？也许墙漆颜色才能左右市场。影响房子市场价格的因素有很多，但是我们凭直觉选择的特性可能让上述因素过于简单，所以我们需要训练 AI 来学习一些错误的模式。用数学方法来自动识别最为重要的特征不失为一个好方法。我们可以先绘制一个房价和建筑面积的坐标图，其中 y 轴代表价格，x 轴代表建筑面积。如果建筑面积对房价有很大影响，我们会得到一条向上的对角线，表示随着建筑面积的增加房价也会发生显著的变化。然后，我们就可以将建筑面积选定为特性。相反，如果这条线是水平的，就表明建筑面积对房价没有影响，这就要从特性选项中排除建筑面积。

我们还可以使用简单的计数技术来收集数据的高级信息并将其编码为特性。例如，在垃圾邮件分类这一例子中，我们可以数出垃圾邮件中最常出现的 10 个单词，对所有的非垃圾邮件也执行相同操作并删除常见高频词汇，如 a 和 the。然后，AI 会学着对照整理好的单词集检查电子邮件来区分垃圾邮件和非垃圾邮件，并检查邮件是否应该被归为垃圾邮件。谷歌的 Word2Vec 模型甚至将单个单词转化为具有实际含义的数学表达式。这些特性能够从语义层面反映数据，例如，“父亲”和“母亲”密切相关，而“食物”和“计算机”没有什么关联。对 AI 来说，这些特性如同食物。特性与期望输出之间的联系越强，AI 就越准确（前提是 AI 能够处理这些关系，而这正是“模型”部分要讨论的内容）。

在分析计算特性之前，我们必须确保一开始使用的数据就是最合适的。如果想要检测正在过马路的行人，我们可以使用麦克风来收集马路上的脚步声。但是，仅凭脚步声来判断行人和车子的距离是有一定难度的。此时比较好的一种做法就是利用道路的图像数据，图像里的行人清清楚楚。当然，还有一种更好的方法，那就是利用红外图像来收集热量信号。行人散发的热量远多于道路，所以他们在图片上以红点形式呈现，检测起来更容易。

模　型

AI 模型负责根据输入输出正确的预测。在这一端输入数据（如患者的症状），在另一端输出预测（如患流感或没患流感）。如果模型观察到患者有很多和流感相关的症状，就会预测患者

“患流感”；如果模型发现患者没有发烧，就会预测患者“没有患流感”，毕竟流感几乎总是伴有发烧症状。位于两端之间的则是一些隐藏的数学函数，它们对现实世界的相关知识进行了编码，包括流感总是伴随着头痛和发烧，而腿痛和流感没什么关联。这些函数本质上是联系变量与系数的方程式，例如 $y=mx$，其中 y 表示流感的严重程度（y 值越大，流感越严重），而 x 则表示头痛程度（x 值越大，头痛程度越深）。变量 m 则负责确定 x 和 y 的关系。如果 $m=1$，表示流感的严重程度将和头痛的严重程度保持一致；如果 $m=2$，表示流感的严重程度会加倍，即头痛和流感严重程度密切相关。该示例说明现实世界中的很多关系可以用含变量的数学方程式来表示。请注意，这些公式仅表示两个值之间的相关性，也就是说头痛和流感的严重程度似乎是一起变化的，而不是一个引起另一个发生变化。训练 AI 模型来反映这些方程式中的相关关系是 AI 的核心。

表 15-1 反映的是症状和流感严重程度之间的各种相关关系。

表 15-1　线性关系和非线性关系示例

种类	关系	症状	解释
线性	正相关	头痛	流感越严重，头越痛
	不相关	脚痛	流感严重程度对脚痛无影响
	负相关	精神高度集中	流感越严重，越难集中注意力
非线性	不清晰	打喷嚏	流感严重程度和打喷嚏之间的联系十分复杂

线性关系指简单的关联，其中某个值的增加或减少会引起另

一个值发生相应的变化。前面所讲的 $y=mx$ 示例就涉及 y 和 x 之间的简单线性关系。非线性关系则没有线性关系这么简单直接。随着年龄的增长，人的视力会变弱，但是每个人视力减弱的程度和快慢因人而异。有的人 20 岁就已经近视了，而有的人直到 80 岁视力还是很好。我们知道年龄和视力有一定的关联，但是这种联系很难解释或表达出来。现实世界中还有一些例子，如公司的季度收益报告如何影响次日的股票价格，或政府新出台的政策如何影响整个国家的失业率。目前并没有很明显的公式可以帮我们分析上述影响。

这也就是说，我们的眼皮子底下有一些隐藏的公式，它们可能包含了成百上千个可以反映这类复杂关系的变量。针对这种情况，神经网络是最有效的一种模型。它由多层简单数学函数（“神经元”）堆积而成，最后生成输出。堆积函数的深度可达 500 多层，这也衍生出另一个术语“深度学习”（deep learning）。您可能已经通过媒体铺天盖地的宣传了解过这个术语，它经常被吹捧成一种可以完成超人之举的神奇算法，比如击败了排名世界前列的围棋选手李世石。神经网络具有反映线性和非线性关系的独特能力，这种能力使其能够找到数据中难以发现的细微差别。其他类型的模型还包括决策树，即选择最有用的特性来学习的树状结构，还有支持向量机（SVM：Support Vector Machine），它主要负责将正面特性和负面特性尽可能分开。

学　习

我们已经对问题进行了定义，也有了相关数据和模型，接下来就可以将数据输入到模型中让其开始学习。该模型通过“学习”这一过程来积累有关问题的知识。当我们将数据输入模型时，它要一次性经历多个数据点，并调整底层数学函数的参数值来反映从数据中获取的新信息。这一调整过程由超参数（或高级别配置）控制，如每个数据点集的参数应该有多大程度的变化，它也被称为“学习率”。学习率越高，每个数据点对模型参数的影响越大，其进步也就越快。随着时间的推移，理想情况下参数值会变得很好，让模型能够准确地预测，然后参数值会停止变动，极有可能收敛至最终参数值。实际上，如果模型无法充分反映数据中的关系，它们通常不会收敛。因此整个学习过程需要人为定期监控，以确定过程是否顺利，即参数变化是朝着有利的方向还是不利的方向。一个模型需要多次遍历数据才能完成收敛，耗时几个小时到数天不等，具体得看问题的难度。从人类的角度来看，我们将该过程称为“模型训练”，用于训练模型的数据被称为“训练数据”。

最常见的三种学习包括监督学习、无监督学习和半监督学习。监督学习依赖人为提供的预期输出，我们将其称为每个训练数据点的标签。如果问题是预测某个患者是否患有癌症，监督学习不仅需要患者的相关症状，还需要“患癌”或“未患癌”这样的标签。通过预测患者是否患有癌症，该模型不断验证和改进从中获取的认知，并通过给定的标签来进行确认。如果预测正确，置信度上升；如果预测不正确，就需要改变数学函数中的相关参数值，而这些函数正是模型的基础。这一反复检查和改变数据的过程让整个模型能够不断积累认知。接近收敛值时，我们会停止训练该模型，通过向其提供新患者信息来进行验证，并记录模型犯错次数。该模型之前并未接触新增患者信息，所以这也相当于一个测试，测试其对问题的理解程度。如果测试效果良好，我们可以将该模型加入到实际产品中并卖给消费者。相反，如果测试效果不佳，在很长一段时间内，我们需要通过改变底层数学函数或结构来继续训练模型，例如，在神经网络上添加更多层或调整一些超参数。有时候，我们可以收集到很多带标签的训练数据，为模型提供大量理解问题的信息。

不幸的是，这些标签需要人为管理，费用不菲。在检测道路图像中的行人这一问题上，收集数千张图片相对来说还算容易，但是手动浏览每一张图片来确认其中是否有行人存在可就太难了。无监督学习是从无标签训练数据中获取认知。监督学习中利用真实标签进行验证的方法在这里毫无作用。相反，这一过程尝试发现特征之间的关系，例如识别相似的数据点并将其分组。与预测输出相比，无监督学习解决的问题主要与洞察数据及获取认知有关。K 均值聚类算法是一种通过迭代的方法来发现数据中聚类的学习过程。例如，如果某个书店的数据包含客户的相关信息（如年龄和居住地），对这些数据进行分类可以帮助我们更好地了解哪几类人经常去这个书店。

在很多情况下，只有部分数据有标签。那么，我们还能利用这些数据进行学习吗？半监督学习可以帮忙解决这一问题，它主要通过小部分有标签的数据来推测和这小部分数据具有相似性的其他数据的标签。数据相似度越高就越可能有相同的标签。例如，如果两个病人有相似的症状，但是我们只知道其中一个的标签，我们其实可以合理地猜测另一个也有相同的标签。我们一旦找到了所有标签，就可以利用先前讲过的监督学习方法来进行学习并预测输出。

现在，我们将看一看 AI 的四大关键组成部分（问题、数据、模型和学习）是如何在一个小型实际案例中起作用的。

案例分析：苹果人脸识别功能

您可以通过人脸识别解锁最新版的苹果手机。这项技术使用经过训练的神经网络来检测您的脸。这一问题主要涉及分类，即要确定屏幕前的人脸是否就是该苹果手机的主人。要想精确地执行这一任务，首先要使用训练数据来训练模型了解人脸大体长什么样，训练数据由超 10 亿张现实世界的人脸形成的三维深度地图和二维红外图像组成。没错，苹果手机征得了很多人的同意，保存了多个角度下他们的脸部照片。这一模型可从这些脸部照片数据中学会常见的面部模式，如大多数人有两只眼睛、一个鼻子和一张嘴巴。这其实是一个无监督问题，因为它更多地涉及发现面部特征之间的关系，而非试着将人脸与人为标签进行匹配。实际上，这种情况下并没有什么标签。训练数据的多样性十分重要，它能让模型识别面部结构特征的细微区别，即眼睛的颜色和间距因人而异。即使您戴着眼镜、帽子或其他会改变脸部外观的东西，这些关系依然可被写成公式，这些公式具有高度灵活性。首次购买苹果手机时，您需要用自己的脸对手机进行校准，这样的话，模型可以进一步调整训练数据中的公式，使其适应（或学习）您的脸。鉴于您是解锁该苹果手机的唯一用户，因此它只需要识别您的面部。从此以后，解锁手机就变得很简单，将任意新面孔与存储好的面部进行对比即可。随着时间的推移，模型会不断学习如何适应面部结构的变化，以便您在留了胡须和长发后仍然能够解锁自己的手机。

人工智能伦理

AI 模型无意间反映并加剧了社会上已经存在的歧视。2015 年，谷歌相册将两名黑人的多张相片标记为“大猩猩”，这在推特上引起轩然大波，最后迫使谷歌针对该错误发表公开道歉。虽然出现这一错误的确切原因并未公开，我们还是可以推测该模型的训练数据并没有接触到足够数量的黑人面部例子，也就无法进行准确学习，或者该模型无法区分黑人和大猩猩。当然，也有可能是因为训练数据的标签不准确，也就是说，大猩猩的图片实际上被标记为了黑人，所以模型自然而然地学会了这一点。谷歌原本可以用更多样化和更准确的数据集或更好的模型来避免这一错误。当然，谷歌也可以将具有代表性的各种图片放入图片标记器并确保相关输出合理，从而执行更加全面的检测。作为一名潜在的 AI 技术创造者，您应该多加注意数据中存在的歧视问题，并在训练模型时主动将其删掉。这一点对创建 AI 的团队来说同样至关重要，因为该 AI 可能由不同的个体组成，包括但不限于不同的性格、民族和种族。这也更能解释为什么数据会出现不一致和歧视行为，因为团队每个成员的社会视角都不一样。

人工智能实践

AI 是一个快速发展的领域，AI 技术也在不断更迭，所以我们可能希望这张表格变得更长。其中很多工具与技术以文档和入门技巧的形式呈现，可供大众使用。只需要一点编程经验，您就可以在不到一个小时的时间里在自己的笔记本电脑上训练一个简单的机器模型。所以，您不需要另起炉灶就可以将 AI 嵌入自己的产品，整个过程非常简单。

表 15-2 列出的是 2019 年用于将 AI 嵌入产品的一些工具。

表 15-2　用于将 AI 嵌入产品的工具

工具	发明者	使用
Tensorflow	谷歌	在 Python 中创建和训练复杂神经网络
PyTorch	脸书	
Caffe	伯克利人工智能实验室	
Caffe2（自 2018 年 3 月被 PyTorch 收购）	脸书	
Scikit-learn	开源	在 Python 中创建和训练机器学习模型和一些简单的神经网络
Numpy	开源	储存和操作大量数据和特征向量，数据兼容性强，可用于向 Tensorflow 和 PyTorch 输入数据
ConvNetJS	安德烈·卡帕西	使用 JavaScript 在网页浏览器中创建和培训神经网络

结　论

作为一款强大的工具，AI 让产品具备预测能力，影响了无数人。从歌曲推荐到癌症检测，它适用于众多场景，只是需要大量可用的数据。如今，只要一个人拥有一定的编程经验，手头有一台运转速度快的电脑，就可以在没有多少数学背景的情况下利用自己的数据集来训练模型。这也就意味着，未来我们将看到更多让人眼前一亮的 AI 产品与应用。当然，我们也必须认识到数据集中存在的潜在偏差，毕竟数据集决定了模型会学到什么东西。

第十六章
区块链

特别感谢沃伊塔·德尔莫塔贡献此章

区块链（blockchain）技术有时也被称为“分布式账本技术”（distributed ledger technology），是最新的技术创新之一。它的应用领域十分广泛，包括金融、法律、经济学、数学、哲学和计算机科学。本章主要介绍区块链的相关基础知识。

区块链简介

数据的存储方式是现代技术的一大支柱。鉴于现在有大量的可用数据，其存储就显得特别重要，我们采用的数据存储方法应该方便日后的访问。您可能选择用由行列组成的电子表格来整理自己的预算，以便日后进行直观浏览。许多公司会把大量数据存储到关系数据库中，关系数据库类似电子表格，但是可以通过程序轻松访问。区块链是存储数据的一种方式。

存储在区块链中的数据被打包成区块（block）后连接在一起形成一条线性链，这就是区块链。我们可以将区块链比作一本书，其中，整本书代表区块链，而书的每一页代表一个独立的区块。区块链中区块的编号方式和书页编号方式相同，从第一个区块开始直到最后一个区块，区块链的第一个区块被称为“创世区块”（genesis block）。此处的页码代表区块在整个区块链中的位置，我们称其为“区块高度”（block height）。一本书的每一页都是统一规格，因此只能存储一定字数的数据。同样地，一个区块链中的区块也是统一规格，所以它能够容纳的最大数据量也已事先确定。

总的来说，读者在翻阅一本书的时候，会将下述两件事情视为理所当然。首先，所读书籍是完好无缺的。如果学生要买一本历史教科书，结果发现其中关于第二次世界大战的相关章节和页码失踪了，那么这名学生势必无法了解很多关键信息。换句话说，我们希望同一个版本的书籍包含相同的信息。这一期待同样适用于区块链。一个区块链的每个副本都必须包含所有相关的区块——所有相关数据，从而确保这一副本的有效性。否则，共享同一区块链来存储数据的双方会有相互矛盾的数据来源。再者，一本书的页码顺序是正确的。例如，一名学生想要了解第二次世界大战的时间线，发现讲战争结束的页码毫无逻辑地放到了讲战争起因的页码之前，这名学生势必会被误导。数据通常遵循一定的逻辑顺序，所以存储时也需要合乎逻辑。这一点同样适用于区块链中的区块，如果某个区块包含您支出一枚比特币的数据，而另一个区块包含您收到该比特币的数据，那么，前一个区块肯定不能放到后一个区块之前，否则就表示您还没有获得比特币就已经将其用掉了。因此，区块的顺序必须保持正确才能让整个区块链具备有效性。

那么，区块链有效又是什么意思呢？要想回答这一问题，首先就要了解为什么一开始区块链是一种存储数据的方式。对一个公司而言，使用区块链并不比使用传统的数据库存储的数据要多，而且浏览数据时也不比传统数据库更直观和高效。所以，我们为什么会将数据存储到区块链中呢？这是因为这种存储方式有其优势，即允许多个独立部分往共享存储中添加数据。因此，区块链有时候被称为“分布式数据库”（distributed database）。例如，保管疫苗接种记录的十家私企可以将这些记录存储到区块链中，方便数据共享，确保没有哪个用户反复接种同一疫苗。至少绝大部分相关公司认为某区块链在按照合理的方式存储数据，我们才能认为该区块链是有效的。后文将详细解释这一点。

那么，为什么不让这些公司共享一个中央数据库，将该数据库存储到一个服务器中，让某个公司负责管理该服务器呢？这样做当然可以，它也是区块链诞生之前的首选方案。但是，这种方式有一个很明显的缺点，即存在单一故障点。如果负责管理服务器的公司突然关闭了这些服务器该怎么办？如果该公司没有按照正确的方式备份数据库，突然丢失了所有的数据该怎么办？如果该公司决定将另一家公司踢出系统，单方面撤销其访问权限又该怎么办？换句话说，上述方法要求所有参与公司信任这个单一的中央机构。而另一方面，如果将数据存储到区块链中，就不需要这样一个单一的中央机构来保管存储有中央数据库的服务器。相反，这十家私企都持有一份数据副本，能独立验证新增疫苗接种记录的合法性。上述中央机构主要用于数据的集中存储和检索，中央机构的缺乏被称为“去中心化”（decentralization）。区块链中的每个个体或机构被称为“节点”（node）。

区块长什么样

区块是区块链的基础支柱，可存储所有信息并连接在一起形成区块链。区块链中的每个区块都以数字指纹的形式呈现，数字指纹具备唯一性，可用于明确区分区块链中的区块。数字指纹和人类指纹的工作原理十分相似。我们可以利用指纹来识别人类，这就意味着如果某人将指纹留在了犯罪现场，调查人员可以将该指纹与指纹库中的指纹进行匹配。但是，不能仅靠指纹进行识别，指纹库还需要将指纹映射到其他形式的识别方式，如人名和人脸。这一点同样适用于区块链的数字指纹，仅靠数字指纹无法了解区块中的数据，但是可以用它来识别区块链中的区块。例如，可以用数字指纹来检查某一区块链副本是否缺少区块。

每个区块除了自己的数字指纹和相关数据，还包括紧邻区块的数字指纹。区块链是一个线性数据结构，这也就意味着每个区块会附加到另一个区块上，反过来，最多也只有一个区块附加到这个区块上。通过存储相邻区块的数字指纹的引用，区块彼此相连，这也让区块正确顺序的维护和验证变得更加容易。

数字指纹是一个由 64 个字符组成的十六进制数字，示例如下：

0f978112ca1bbdcafac231b39a23dc4da786eff8147c4e72b9807785a-fee48bb

和我们常用的十进制计数系统不一样的是，十六进制计数系统由 16 个数值（数字 0~9，字母 a~f）而非 10 个数值（0~9）组成。与十进制计数系统相比，十六进制计数系统可用更少的字符表示更多的数字。这有利于提高数据存储效率。例如，十六进制系统中最大的三位数是 fff，用十进制表示就是 4095，4095 显然比十进制系统中最大的三位数 999 大得多。

挖矿的科学

“挖矿”（mining）可能是区块链技术中最难理解的概念。我们先从了解挖矿满足的需求开始。回到之前十家私企使用区块链共享疫苗接种记录数据库的例子上，此时并没有中央机构，也没有哪一家公司负责管理数据库或保证所有的数据准确无误并按照正确的方式存储。相反，每家公司都可以审查收到的数据，还可以保存一份区块链的本地副本。如果没有中央机构制定相关规则，这些公司怎么知道哪些数据可以添加，哪些数据需要删除呢？所以，该区块链涉及的十家公司需要就哪些数据可以添加取得共识或达成协议，而不同节点之间达成协议就需要挖矿。比特币（Bitcoin）加密货币是区块链技术中第一个广泛使用的应用，而挖矿就诞生于其中。我们将在后文解释比特币的挖矿过程，而对所有区块链的挖矿过程来说，创建数字指纹都是十分关键的一步。

创建数字指纹需要运用密码学，而密码学高度依赖数学。数字指纹的创建需要通过散列函数（hash function）运行区块数据。散列函数接收输入数据（通常为文本）后运用数学算法处理数据，最后输出一个能够表示输入数据的唯一值。比特币区块数字指纹的创建通过 SHA256 算法运行区块数据，SHA256 算法是由美国国家安全局设计的一种散列函数。SHA256 接收任意大小的数据，处理完数据之后会输出一个由 64 个字符组成的十六进制数，我们称其为“散列”（hash）。无论输入多大的数据，输出的数字始终由 64 个字符组成。改变输入数据后将产生一个唯一的新散列。实际上，两个不同的输入数据无法产生同一个散列。这也让检测区块数据是否被篡改变得容易。因此，区块的散列（即区块的数字指纹）也被用作区块的标识符。表 16-1 显示的是任意输入数据生成的数字指纹：

表 16-1　数字指纹示例

输入数据	数字指纹：SHA256 散列	注释
a	ca978112ca1bbdcafac231b39a23dc-4da786 eff8147c4e72b9807785afee48bb	一个字符可以产生一个由 64 个字符组成的散列
blockchain	ef7797e13d3a75526946a3bcf00dae-c9fc9c9 c4d51ddc7cc5df888f74dd434d1	一个完整的单词产生的散列还是由 64 个字符组成
block-chains	99cf6497afaa87b8ce79a4a5f-4ca90a579773 d6770650f0819179309ed846190	同一个单词稍作改变会生成一个全新的散列
the favorite number of the fox was 44	f70d31700c3c122331538f9b389a10217 e0bd1cc0694b67a5c7b4f02c17b6198	不管输入的数据多长，散列都由 64 个字符组成

您可能已经知道，挖矿是一个计算密集型过程。但是，像上面那样任意输入数据生成散列可以在几分之一秒内完成，不需要占用过多计算机资源。换句话说，生成散列并非计算密集型过程。我们之所以说挖矿是一个计算密集型过程是因为需要从输入数据中生成某种特定类型的散列，以为区块创建有效的数字指纹。例如，在比特币区块链中，它指通过区块数据生成一个数值比目标值小的散列。后文将进一步讨论这一挖矿过程。

“矿工”（miner）这一术语指挖矿过程的参与方。但是，该术语并没有阐明“矿工”的工作目标。矿工的工作目标是代替中央机构维护区块链的有效性。前文也讲过，矿工需要经历一个计算密集型过程来为新的区块创建数字指纹。这一过程可以替代前文提到的中央机构，它规定了哪些区块有效且包含应该附加到区块链的数据。该过程究竟如何实现目标还得视具体的区块链而定，但最受欢迎的方法还是来自比特币区块链。矿工并非坐在电脑桌前通过散列进行迭代的个体，而是在非常强大的计算机上运行的软件，每秒钟可自动通过几百万、几十亿甚至几万亿的散列进行迭代。这些计算机归独立个体或公司所有，他们可从运行挖矿软件中获取一定的报酬。例如，在比特币中，矿工每次为新区块找到有效的数字指纹时会生成和收到新的比特币。因此，他们通过履行矿工一职来生成新的比特币和赚钱。但是，并非所有的区块链在找到新区块之后都会让矿工生成新的比特币，而且有些区块链对矿工没有任何奖励，这种情况下的矿工被称为“验证器”（validator）。

区块链的不变性

区块链因其记录数据更改的方式有时也被称为“账本”（ledger）。您可以回想一下自己如何更改电子表格或传统数据库中的某个值，如用户的银行账户余额。您很可能覆盖单元格或数据字段，然后用新数值替换旧数值。这种修改数据的方法可能不适用于区块链。您会选择添加一个改好数据的新区块到区块链中，而不是直接修改区块中的数据。因此，区块链就能和账本一样跟踪每一次的数据修改。区块链的这一特质被称为“不变性”（immutability）。请注意，这可不是说区块链无法延长，相反，区块链不变只是因为增加新区块（即延长）是它们更改数据的唯一方式。比特币区块链以约每 10 分钟增加一个区块的速度增长，一旦该区块通过验证被添加至区块链，理论上就永远保持不变。图 16-1 就展示了该过程。

假定图 16-1 是某区块链目前的状态，区块高度为 3，那么现在 Alice 有 7 分。请注意，每次 Alice 的总分变化的时候，我们都会新增一个区块，而不是仅仅更新第一个区块中 Alice 的总分。因此，区块链相当于包含交易记录和数据操作记录的账本。鉴于“不变性”是区块链的一大特质，它有时又被称为“不可变账本”。

#1：给 Alice 10 分
#2：给 Alice 减去 5 分
#3：给 Alice 2 分
图 16-1　区块链上的数据修改

区块中的数据和区块顺序都是不可变的。上述例子中的顺序看似无关紧要，毕竟增减是不变的，但是通常来讲，控制区块链的一系列复杂规则要求顺序保持不变。例如，假设控制上述区块链的一项规则为：任何用户的总分不得超过 10 分。如果该项规则被破坏了，区块 #2 和区块 #3 互换位置，那么现在的第二个区块会显示 Alice 的总分为 12 分，让整个区块出现错误。这样的区块叫作“无效区块”（invalid block），会让整个区块链失效。所以，理论上区块链中的区块顺序和区块数据都应保持不变。

去中心化

如前文所述，区块链是一种颇具吸引力的数据存储方式，因为它允许多个独立方在中央机构的缺席下共用一个数据库。这也就意味着数据没有主副本，没有中央机构来决定哪些数据可以添加，也没有单一故障点。这种类型的网络被称为“去中心化网络”（decentralized network），因为它缺乏一个中心枢纽。去中心化网络与社会上的大多数结构不大一样。以美元这样的货币为例，它受中央政府的支持和中央银行的控制，其交易需要银行这样一个重要媒介的参与。我们使用美元即意味着我们相信这些机构能够坚守诚信，尽职履责。一旦中央银行没有履行好职责，整个货币系统都会崩溃。例如，2008 年津巴布韦的货币政策引起恶性通货膨胀，使津巴布韦元丧失了实际价值。另一方面，在区块链上流通的货币（如比特币）并没有中央政府或中央银行来控制功能。相反，区块链技术可用于在共同维护网络的矿工之间分配这些任务。换句话说，区块链技术允许无信任网络（trustless network）的存在，即您在承认某一系统的完整性的同时不必信任任何人。

尽管建立在区块链技术之上的去中心化网络有其优势，我们也不能忽略中央机构缺位的影响。例如，如果您不小心将比特币发错了人或感觉自己被骗了，没有中央机构可以帮您要回自己的比特币。同样地，也没有中央银行为您的资金安全做担保或帮您完成重要的资金转移。中心化网络的中央机构提供的安全网在去中心化网络中不复存在，这样个人只能进行自我保护。使用去中心化网络，尤其是风险较高的去中心化网络时，这一点尤其要牢记心间。目前，基于区块链的最受欢迎的去中心化网络是比特币加密货币。

比特币：区块链技术的起源

比特币是一种加密货币（cryptocurrency），加密货币是数字货币的一种，也是区块链中的去中心化货币。所以，和大多数加密货币一样，比特币是区块链技术的一大应用，也是目前最为流行的一大应用。在所有的加密货币中，比特币诞生的时间最长，当前市值已超十亿美元。事实上，是先有比特币再有区块链技术。比特币的发明人为匿名的个人或团队，发布时采用了中本聪（Satoshi Nakamoto）这一假名，区块链技术相当于比特币的交易账本。在此之前，数字货币要么受中央机构控制，要么很容易被操纵和破坏。比特币发明之后，人们才意识到区块链技术在其他领域的潜力。

比特币这一概念最早由中本聪于 2008 年提出，当时他还发布了一份比特币白皮书《比特币：一种点对点的电子现金系统》。一年之后，也就是 2009 年，他发布了第一份比特币代码。所有人可阅读该开源代码并提出改进意见，这让众多程序员在代码社区的驱动下不断改进比特币代码。中本聪的相关作品也出现在了点对点技术爱好者在线论坛上。点对点技术（peer-to-peer technology）是一种无须中央机构或服务器参与即可使用的技术。像美元这样的法定货币不是点对点网络，因为银行充当中央机构并监督所有交易、存储和货币制造。如前文所述，比特币是一种点对点网络，它不需要中央机构来规定交易的有效性或保留关闭系统的权力。个人或机构都无法操纵或控制比特币。因此，比特币是一种去中心化网络。

工作量证明算法（proof-of-work algorithm）是中本聪在比特币中的另一重要发明，为比特币这一网络如何达成共识（即在交易是否有效方面达成一致意见）奠定了基础。就法定货币而言，这根本就不是一个问题，因为有银行统一规定交易的有效性，如果您想给某人寄钱，结果发现自己并没有钱或想要将一分钱用两次，银行会阻止您的行为。所以，使用法定货币时，您相信银行作为中央机构在交易有效性方面能够做出正确决定。但是，在使用比特币时，信任是分散的，即您无法信任网络中的任何人，但是也确信无效交易（如有人偷您的比特币）不会发生。为此，中本聪提出了工作量这一机制，并由此达成分布式共识（distributed consensus），即比特币网络在一系列规定交易有效性的规则方面达成共识。这些规则的基础是数学，更准确地说是密码学。

要了解比特币的分布式共识，了解比特币网络的基本用户情况十分重要。比特币网络的用户大致可分为两组。较大的一组由收寄比特币的普通用户组成，而较小的一组由矿工组成，后者负责验证交易并将其组合成区块，这些区块随后会被添加至比特币区块链。从理论上来讲，任何人都可以成为矿工，为达成比特币分布式共识做出贡献。

矿工们继续挖掘新区块的动机也很明确。矿工每次成功挖掘到新的区块后都会收到区块奖励，即在新区块创建后直接发给矿工的比特币，其数量已提前商定好。这种比较特别的交易被称为coinbase交易。目前，每个区块会创建12.5比特币直接发给矿工，每生成210 000区块产量就会减半。除了区块奖励，每个区块的矿工还能收到区块所含的所有交易费用。每笔比特币交易都有一定的交易费，由发送比特币的用户指定和支付。指定的交易费用越高，矿工将该笔交易纳入自己区块的动机就越强，在区块链上确认交易的速度就越快。

接下来我们将详细解释比特币作为一种货币在没有中央银行或中央政府的情况下如何工作。

比特币的工作流程

比特币作为一种货币，其工作流程可分为以下几步。

第一步：创建新交易

爱丽丝买了一辆新车后想给鲍勃 5 比特币，正常情况下，如果爱丽丝使用美元这样的法定货币，她开卡的银行会将这笔钱转给鲍勃开卡的银行，前者会将这笔钱移出爱丽丝的账户，这笔钱最终会出现在鲍勃的账户上。但是，如果使用比特币，由于没有银行的参与，整个过程会非常不一样。接下来我们就详细讲讲这个过程。

首先，每个比特币用户都有一个私钥（private key），只能由个人持有且具保密性。私钥用于签署用户进行的所有交易，这是比特币中一个很重要的环节，因为在没有银行参与的情况下，它是用户控制自己资金的一种重要方式。每个用户在发送比特币的时候都可以验证自己对该比特币的所有权。换句话说，私钥用于解锁用户的比特币。如果私钥丢失或被盗，用户将无法访问自己的比特币。

私钥是一个随机的 64 个字符长的十六进制数字，请注意它与区块的数字指纹不同。没有存储现存所有私钥的中央数据库，但是您也不必担心别人创建的私钥会和自己所用的私钥相同，目前共有 2^{256} 个私钥，数量甚至超过了宇宙中的原子总数。随机创建一个私钥与别人的私钥相同的概率比您走在路上被从天而降的一架钢琴砸死的概率还低。

可使用椭圆曲线密码学——一种高级加密法——让私钥生成公钥。这个公钥会进行散列处理和编码，这样每个用户就有唯一的比特币地址。该地址必须公开，毕竟您得用它来接收比特币。例如，在前文爱丽丝和鲍勃的例子中，鲍勃就需要把自己的比特币地址给爱丽丝（如表 16–2）。

表 16–2 比特币私钥和比特币地址示例

私钥	e9873d79c6d87dc0fb6a5778633389f4453213303da61f20bd-67fc233aa33262
比特币地址	1BoatSLRHtKNngkdXEeobR76b53LETtpyT

爱丽丝需要使用私钥来验证这 5 比特币的所有权，然后为比特币交易创建一个加密签名。

该加密签名可以证明爱丽丝给鲍勃的 5 比特币确实是她自己的。任意矿工都可以使用爱丽丝的公钥来验证交易数据，以证明爱丽丝确实签署了交易。所以，爱丽丝需要分享自己的私钥。

爱丽丝签署交易后，它的比特币客户端，即爱丽丝用来处理比特币支付的软件，会使用 gossip 协议将比特币交易传递给比特币矿工，该比特币交易里有她要传递给鲍勃的信息。

第二步：矿工验证交易

每个矿工在收到交易后，都可以通过检查爱丽丝是否真的有 5 比特币可供使用来对交易进行验证，方式是遍历整个区块链，从爱丽丝收到的所有比特币中减去她花去的比特币。之前讲过，区块链是一个记录所有交易的不可变账本，也就是说，矿工如果从第一个区块开始读取数据，直到最后一个区块，就可以算出爱丽丝的比特币交易余额。

第三步：交易等待被挖掘

矿工验证交易后将其存储到自己的内存池（memory pool）中，内存池是本地数据存储器，内含所有有效交易，这些交易等待被打包成区块后添加至比特币区块链。请注意，当交易还在内存池中时，它并不属于比特币区块链，也就是说，此时它尚未被确认为比特币交易。存储在内存池中的交易等待挖掘后被打包成区块，添加至区块链。

第四步：打包交易为区块，将其挖掘后添加至区块链

如何从内存池中提取交易，将其打包成区块后添加至区块链呢？整个流程比较复杂，因为我们需要确保每个矿工不会将不同的区块添加至区块链，而且交易必须有效。换句话说，所有矿工需要验证交易，就他们要添加至区块链的那个区块达成一致意见，并且在没有中央机构来告诉他们该如何做的情况下完成。让矿工们玩一场随机游戏是达成一致意见的一种方法，这场游戏只有一名矿工会获胜，验证交易是整个游戏的一部分。获胜矿工选出来以后就可以验证交易，而且该名矿工还获得了将区块添加至区块链的权利。其他所有人都必须对此做法毫无异议。我们将这个游戏称为“比特币工作量证明算法”。

例如，在这样一场游戏中，玩家 A 想一个 1 到 10 之间的数

字，玩家B来猜这个数字，但只能猜一次。如果玩家A只是随机想一个数字，玩家B就没法用一个比较确定的方法来找出这个数字。简而言之，他需要去猜测。这种猜测就是所谓的“蛮力猜测”（brute-force guessing）。如果玩家C加入了游戏，而且每个数字可以猜两次而不是一次，从统计学上来讲，她能比玩家B更快地猜出这个数字，这是因为增加猜测频次可以使蛮力猜测的效率更高。

在找出有效区块的数字指纹方面，矿工所做的事和蛮力猜测类似。首选，矿工从内存池中选择任意数量的交易，添加所需数据，如当前时间戳，然后使用SHA256算法运行所有内容，由此得到的散列就是“区块散列”（block hash），也被称为区块的数字指纹。选择交易并对其进行散列处理以创建区块的过程就是挖矿。那么，矿工怎么知道自己是否找到了有效的区块散列呢？如果区块散列的数值小于目标值，该区块被视为有效，然后就可以添加到比特币区块链中，参见表16-3。比较SHA256散列的十六进制值与目标值的一种比较直观的方法是看数值前段的0，0越多，散列值越小。

表16-3　根据目标值判断区块散列的有效性

目标值示例	0000000000000000000365a17000000000000000000000000000000000000000
无效区块散列	000f6497afaa87b8ce79a4a5f4ca90a579773d-6770650f0819179309ed846190
有效区块散列	0000000000000000000000000000a4a5f-4ca90a579773d6770650f0819179309

从统计上来讲，矿工们通常会发现散列大于目标值，因此会生成一个无效区块，也就无法添加至比特币区块链。要想生成一个新的区块散列，矿工要么改变交易的排列方式，从内存池中选择一组新的交易；要么往区块数据中添加一个任意数值，即随机数（nonce），后者为最佳选择。之前讲过，输入数据进行微调就能生成一个新的散列，因此矿工可以用不同的随机数进行迭代以生成完全不同的散列。

矿工通常使用专业硬件以每秒数万亿散列的散列率进行迭代，争取成为找到下一个有效区块散列的人。矿工对散列进行迭代的速度越快，找到有效数字散列的概率越高，就和玩家 C 每秒钟可以进行多次猜测一样。这一计算密集型过程就是我们所说的工作量证明，因为一旦矿工找到了一个散列，这个散列就可以作为矿工为生成新区块投入的证明。

矿工找到有效的区块散列后，该区块就被传递至比特币区块链，其他矿工可以对该区块进行验证，然后添加至自家版本的区块链。

第五步：其他矿工验证包含交易的区块

尽管挖掘区块是一个计算密集型过程，但验证区块是否有效只是一项简单的工作。一旦其他矿工收到挖掘的区块，他们要做的就是用 SHA 算法来运行一次该区块以进行验证。如果区块散列值低于目标值，矿工接受其为有效区块并将该区块添加至区块链的副本中，这样就完成了确认工作。是不是听起来挺复杂的，确实挺复杂！

您如果想创建一个无须中央授权机构的流程，就得发挥创造力，而且在这种情况下，您得在技术方面多做文章。不过您得做出权衡——为了创建一个去中心化系统，矿工玩的“游戏”会使交易速度减慢。交易处理速度不尽如人意，这也是有些人开始自建区块链的原因，这一点前文已经讨论过了。

区块一旦添加至区块链，对其进行删除和更改就变得几乎不可能。区块在区块链中的位置越深（由该区块后紧跟的区块数量而定），删除和更改该区块的难度就越大。之前也讲过，区块中包含指向该区块前面区块的链接，因此，为了重新挖掘一个区块（这是描述区块内容变更过程的一种专业说法），如果该区块的区块深度为 5，攻击者不仅需要重新挖掘这个区块，还得挖掘紧随其后的 4 个区块和在此期间添加至区块链的所有新区块。实际上，单个矿工的电力输出无法满足执行这类攻击任务所需的高散列率。

所以，区块在区块链中越深，它的可变性也就越差，像爱丽丝和鲍勃这样的用户就可以确信自己的交易安全且已获批。区块在区块链中越深，所经历的“确认”次数就越多。因此，一个区块深度为 5 的区块会经历 5 次“确认”。一笔交易至少需要经历 6 次“确认”才被认为是安全的。

成千上万的矿工要想就比特币区块链的状态异步达成共识，

就必须遵守上述流程涉及的相关规则。比特币区块链状态是一种专业说法，指每位用户所持比特币的数量。之所以说这个过程是异步的，是因为上述共识的选择或裁定的发生没有一个时间点。相反，工作量证明算法就像矿工为生成区块并延长区块链买的彩票。因此，去中心化网络没有银行这样的中央机构。

比特币的价格

比特币的价格由供需关系决定。在任意给定的时间点，比特币的价值就是它在最后一次交易中的价值。例如，如果爱丽丝以 500 美元的价格将 0.5 个比特币给了鲍勃，那么此时 1 个比特币的价格就为 1 000 美元。通过网上交易平台（如 Coinbase 或 Bitstamp）可以购买比特币。大多数交易平台通过汇总最新交易的价格来确定比特币的售价。鉴于这种情况下并没有中央银行运用货币政策来控制比特币价格，比特币遭受高价格波动的困扰。许多比特币的批评者认为，价格不稳定会让比特币无法作为交易媒介投入主流使用，相反会让它成为一种投机工具。而比特币的支持者认为，随着比特币使用率的上升，价格波动会减少。倘若越来越多的商家开始接受比特币支付，那么试图将所持比特币转换回法定货币的用户就会越来越少。这样投机就能减少，价格也会趋于稳定。但是目前比特币和其他众多加密货币都面临着高价格波动的困扰。

比特币的储存与丢失

用户存入比特币的软件就是钱包（wallet）。但您可不要被这个名字误导了，钱包实际上并不负责存储您的比特币，它们扫描整个区块链计算您的私钥可以访问多少比特币。钱包软件还负责生成私钥并为比特币用户创建相应的公钥和地址。

有两种方法可以窃取您的比特币。第一种方法是小偷窃取私钥。一旦小偷偷到了私钥，他们就可以将该私钥可访问的比特币转移给自己。第二种方法是黑客入侵比特币交易平台的服务器。大多数交易所将正在交易的比特币的私钥存储在某个数据库中，黑客一旦访问该数据库，就可以将该私钥所涉的比特币转移给自己。

比特币网络本身就容易遭受攻击，而且主要容易受到恶意矿工发起的攻击。其中最有名的当数 51% 攻击。前文提到比特币网络的共识是分布式的，因此众多独立矿工需要遵循简单的规则以生成新区块。但是，如果某个矿工决定违反规则然后开挖无效区块，只要这样的矿工不占大多数，比特币网络就会无视他 / 她。而此处的“大多数”以散列率来衡量，也就是说，如果某矿工（或一批串通好的矿工）在生产新区块这方面的控制权超过了

51%，他（或他们）就可以决定区块的生产。这时，恶意矿工们可以撤销交易并反复使用自己的比特币。这样，去中心化的比特币网络就遭到了破坏。鉴于矿工数量庞大，发起 51% 攻击还是十分困难的，发起这类攻击需要投入大量的能源，此处主要指电力资源。攻击者甚至需要整个奥地利的电力输出才能发起一次这样的攻击。迄今为止，还没有针对比特币网络的 51% 攻击先例。

但是，少数矿工不赞成控制比特币的规则并且想要改变这些规则的例子还是有的。如果一群矿工不同意比特币网络的分布式共识遵循的规则，他们可能会选择不再以矿工的身份参与该网络。这被称为“分支”（fork），由于持不同意见的矿工会从比特币区块链中分离出来，开始致力于自己的区块链，他们需要创造一种新的加密货币。最流行的比特币分支诞生于 2017 年 8 月 1 日，当时创造了比特币现金（Bitcoin Cash）加密货币。脱离比特币网络的矿工不赞成比特币的种种共识规则，包括有效区块最大为 1MB。矿工们想要增加区块大小以增加一个区块能够验证的交易数量，所以比特币现金的区块大小增至 8MB。

时代的未来

许多熟练的开发人员不断致力于改进比特币代码。目前，大多数努力都集中于提高比特币交易的速度和效率。一种叫作“闪电网络”（lightning network）的新技术正在开发中，它允许小额交易通过网络即时发送。此外，比特币的认识和应用还需投入很多努力。尽管比特币的价格波动率很高，它还是低于玻利瓦尔的波动率——玻利瓦尔是委内瑞拉的官方货币。这导致当地人选择将自己的储蓄转化为比特币，因为获取比特币比获取美元要简单些。而且，若干委内瑞拉的商人已经开始接受比特币支付。如果越来越多的中央机构无法稳定本国货币，那比特币使用率的增长就越来越指日可待。

区块链的世界

迄今为止，加密货币一直是最受欢迎的区块链应用，这主要是因为区块链是跟踪数字资源所有权的一种绝佳方式。自比特币诞生以来，无数新加密货币应运而生，有些加密货币的合法性要高于其他加密货币。每种加密货币都存在于自身的区块链中，拥有自己的用户和矿工。尽管新的加密货币带来了不同程度的创新，但至少从概念上来讲，它们都在比特币的基础上发展而来。例如，加密货币门罗币（Monero）通过对存储在区块链中的交易数据进行模糊处理允许匿名交易。另一种加密货币 Dash 能够降低比特币交易成本，提升交易速度。每种加密货币都位于不同的区块链，需要使用专门的软件。目前有数千种加密货币，但是，并非所有的加密货币都能兑现自己的承诺，大多数加密货币要么因发展不利无法生存，要么被归类为欺诈而淘汰出局。

以太坊

比特币之后最著名的加密货币是以太（Ether），属于以太坊区块链（Ethereum）。和比特币不相同的是，以太坊区块链被称为“生态系统”，因为以太坊不只提供加密货币。在以太坊中，用户可以上传代码，这些代码将在区块链上运行。这一点用处很大，因为除了货币交易，它还可以分布式记录、验证和执行编程任务。正如比特币没有法定货币那样的金融机构和中央机构，以太坊也没有任何监督数字资产的中央机构。

例如，您可以想象一下合同律师如何制定和执行双方的法律协议。于他而言，最主要的任务是对合同的完整性进行监督，确保合同签订以后保持不变，一旦条件满足，马上执行合同协议。听起来，律师就是前文所讲的中央机构和单一故障点。如果律师腐败或犯错，该合同就可以被操纵。换句话说，参与签订合同的双方信任律师能够切实履行职责，这就是中心化网络。

相反，如果用代码编写该合同并将其上传到以太坊区块链，以太坊网络中的每个矿工都可以通过编程强制执行该合同。这并不是说矿工可以进入现实世界然后迫使某一方遵守合同。不过，他们确实能够提供根据合同应该做些什么的有效记录。因此，就和比特币不打算让银行担任金融中介一样，以太坊也不打算让合同执行机构担任协议中介。以太坊区块链上运行的这些程序被称为“智能合约”（smart contract）。多个智能合约交互形成一个更为复杂的程序，它被称为“去中心化应用”（dApp：decentralized application）。去中心化应用不需要花里胡哨，它们可以是一组简单的规则，如“收到 0.5 个以太时养一只小猫咪”。这个规则来自一款游戏“加密猫”（Cryptokitties），是以太坊中最受欢迎的去中心化应用。

首次代币发行众筹

首次代币发行众筹（ICO：Initial Coin Offering）是让区块链世界炒作与争议四起的原因，它类似没有监管的首次公开募股（IPO：Initial Public Offering）。但是，发起 ICO 的公司出售的不是股票，而是代币（tokens）。这样的代币有两种：实用型代币（utility tokens）和安全代币（security tokens）。前者比后者更受欢迎，因为它不受大多数法律法规的约束。您购买实用型代币的时候，买的并不是公司的股票，而是可以与公司的去中心化应用交互的折扣币。例如，以太坊平台中的以太可以给智能合约中挖掘交易的矿工支付费用，所以，以太既是实用型代币，又是加密货币。另一方面，持有安全代币就意味着您会获得公司的相关所有权。安全代币在ICO中不那么受欢迎，因为它们要接受立法机构的监管。ICO本身完全不受监管，也就是说，公司可以决定自己要出售多少代币，自主设定代币价格并出售给几乎所有人。

2014年中，也就是以太坊平台发布的前一年，有6 000万以太币在一场预售中出售给了投资者，这也是以太坊平台发起的第一个ICO。不过，任意区块链平台都可以发起ICO。仅2017年一年，通过ICO筹集到的资金就高达32.5亿美元。作为ICO的投资者，在购买任何代币之前尽职调查十分重要。由于缺乏相关法规，一个公司通过ICO进行代币变现之后，没有什么能够阻止它凭空消失，也没有什么能够阻止它不兑现自己的承诺。过去有不少ICO骗局，直到现在，看清ICO全貌依然十分困难。

超越加密货币的区块链

区块链技术的其他流行应用还包括去中心化供应链和去中心化资产交易。这两个应用都利用区块链能让个体拥有数字资产的所有权或实体资产的数字呈现的特点。例如，智能合约可用于处理房地产交易，几乎不需要经纪人的参与，区块链可以对财产的所有人进行跟踪。同样地，可以将某产品放到区块链上，并要求每个供应商就何时何地加工商品进行加密签名，这样可以提高供应链的效率。因此，可以从源头开始有效跟踪商品在整个供应链中的流动，识别任何有问题的供应商。这些应用也有志于全面分散供应链，让零售商能够直接从生产者手中购买商品。能源部门就是其中十分突出的行业，例如，屋顶上装有太阳能电池板的房主可以将多余能源出售给邻居们。有些区块链由私营企业操作，它们能控制谁可以成为节点，谁可以成为矿工，这种区块链被称为“私有区块链”，因为只有私人才能参与分布式共识。虽然私有区块链实现完全去中心化的能力有限，它们仍然可以在多个参与者之间分配权力。

结　论

区块链技术让我们能够创建去中心化的无信任网络，以全新方式将人与公司连接起来。区块链可用于创建没有中央机构参与的网络，在降低管理成本的同时增加供应链的安全性。中本聪嵌在第一个比特币区块中的信息最能体现区块链技术的方向：

> 总理即将接受第二次银行救助，2009 年 1 月 3 日，《泰晤士报》

该信息引述自 2009 年《泰晤士报》的标题，它严厉批评了我们对中央机构的盲目信任。当这些机构无法发挥作用时，日常用户通常会付出代价，比如公民要为一家快倒闭的银行支付救助金。区块链技术让我们能够在规避中央机构风险的情况下搭建功能完善的网络。

第十七章

虚拟现实与增强现实

特别感谢黎科伊贡献此章

叮！电梯门开了，眼前是壮丽的天际线……向下看，您会发现自己正站在一栋大楼的边缘，离地有百层楼高。脚下是一块六英尺长的悬空木板。“走！”您听到一个声音说。还没来得及好好思考，您已经开始慢慢移动，一步一步谨慎地向前走。走到木板边缘时，您感到自己的肚子往下掉，几乎快要失去平衡。但是，您还是站得稳稳当当，风从耳边呼啸而过。“从木板上走下来！”耳边又传来这样一个声音。此时，大部分人都吓得瘫软了，根本不敢下来。是啊，有谁想要就这样摔死呢？实际上，您知道自己正处于虚拟现实中，通过头戴式设备看到眼前的一切，您在教室里，绝对不会受伤。您当然可以从木板上走下来，但是您的双腿因恐惧寸步不移。

上述体验展示了沉浸式媒体（immersive media）的力量，它能欺骗您的大脑，让您相信由电脑生成的世界就是真实的。虚拟现实（VR：Virtual Reality）创造看似真实的数字世界。增强现实（AR：Augmented Reality）是与虚拟现实紧密相关的一个领域，它创造的数字物体看起来似乎就是现实世界的一部分，让人很难质疑其真实性。VR 和 AR 共同形成沉浸式媒体。

为什么称其为“沉浸式”？您可以想象一下自己正漫步在意大利的庞贝古城，里面的建筑几千年前就已经被破坏。幸运的是，您头戴 AR 设备，除了能够看到废墟，还可看到覆盖在废墟之上的全息影像，即在历史研究的基础上创建的数字复制建筑，它们看起来和几千年前几乎一模一样。鉴于上述体验发生在立体空间，而且数字结构与现实世界重叠（即有真实的废墟存在），它可以增强您的体验的真实感。沉浸式媒体用看似真实的数字物体全方位环绕您，给您带来全新的体验。

传统媒体是“扁平式”媒体，即纸上或屏幕上的平面体验。而沉浸式媒体是空间性的，即在三维立体空间中进行体验。您可以将沉浸式媒体想象为图 17-1 展示的图谱，从只能感知真实物体的真实环境到只能感知虚拟对象的虚拟环境。

图 17-1　真实—虚拟图谱，来自保罗·米尔格拉姆（Paul Milgram）1994 年发表的论文

混合现实（MR：Mixed Reality）为虚拟与现实的“混合”，涵盖上述图谱没有提及的部分。例如，人行道（真实世界）上的

皮卡丘（虚拟对象）就可以被视为“混合现实”。相反，在虚拟客厅（虚拟世界）感知的真实椅子（真实对象）也可被视为“混合现实”，因为它能够显示虚拟叠层，即覆盖现实世界中物体的物体。您可以想象一下这个场景，当您看着某个人的时候，他的名字就悬在头顶上。

很多人用XR来指沉浸式媒体，其中X代表“虚拟”“增强”“混合”等人们能够想到的词，而R代表“现实”。XR可以帮助人们解锁很多不一样的体验。正如互联网为信息的分类、分配和民主化带来了极大的帮助，XR也可以在体验方面提供帮助。例如，海洋专业的学生可以深入海底，外科医生、四分卫和警察可以在逼真的模拟场景中进行培训，所有人都可以通过体验叙利亚难民、印度乡村妇女和流浪汉的生活来设身处地理解他人。通过VR和AR这组新媒介，我们可以体验不一样的联系、故事、娱乐和教育。

本章从定义VR和AR的五个方面探索沉浸式媒体。首先，我们将介绍一个新维度，是它让我们的立体空间体验如此与众不同。然后，我们将研究沉浸式内容，分析存在于VR和AR体验中的不同内容，并探索这些内容的创造过程。了解这些内容之后，我们将来看看如今的硬件如何让我们通过追踪的方式“消费”上述内容。对追踪有所了解之后，我们可以进一步探索虚拟化身和虚拟人如何代表VR和AR中的虚拟自己。最后，我们将研究人们如何与元宇宙（Metaverse）的虚拟环境交互。这五个方面包含您需要了解的所有 VR/AR 相关知识。

一个新维度

要了解虚拟现实和增强现实的工作原理，我们必须深入研究沉浸式媒体的关键：3D。首先我们将探讨立体视觉，它是人类从视觉上感知三个维度的方式。然后，我们将研究计算机如何创建三维场景，以及技术方面的局限如何影响 VR 和 AR 体验。

立体视觉

闭上一只眼，将一根手指举到眼前，然后闭上另外一只眼，您的手指现在看起来好像在另一个位置。每只眼睛都从略微不同的角度来看外面的世界，您的大脑会结合两只眼睛看到的图像，将其整合为一个含有深度信息的统一图像。这些深度信息会告诉您距离所见物体有多远，让您能够感知三个维度。我们将眼睛看到图像和大脑整合图像的过程称为“立体视觉”（stereoscopic vision）。立体视觉让经典的 3D 电影画面看起来仿佛要冲出屏幕。红色和蓝色眼镜让您能够用略微不同的视角看同一张图片，为您提供深度信息。同样地，VR/AR 设备通过渲染让您的左右眼看到的图片不大一样，这样您可以获得对深度和空间的感知。

渲染发生于图形处理单元（GPU：Graphics Processing Unit），它是计算机中在屏幕上绘制物体的专用处理器。GPU 绘制的速度很快，因此当您的头部转动时，它会抓紧一切时间为您渲染场景。尽管您可能意识不到，但您的眼睛反应十分迅速，能够捕捉短时间内的图像，这个时间甚至可以短至 1/200 秒。这就意味着 GPU 需要跟上您的视觉系统。如果 GPU 无法快速将新视图呈现到屏幕上，您的视觉系统会感到疑惑。当 GPU 无法跟上时，您的眼睛将看到滞后的旧图像。而且，如果您之前在环顾四周，但是现在保持不动，那么您的眼睛仍然会看到移动的图像；相反，如果您之前保持不动，但是现在环顾四周，那么您的眼睛仍然会看到静止的图像。所以，您的前庭系统（负责运动和平衡）告诉大脑的事物与视觉系统告诉大脑的事物有所不同。这一点和晕船很像，前庭系统和视觉系统之间的冲突会导致恶心。VR 和 AR 引起的恶心行为就是模拟器晕动症（simulator sickness）。

GPU 会根据图像的复杂程度以一定的速度绘制图像，我们称其为"画面每秒传输帧数"（FPS：frames per second）。例如，GPU 的运行速度为 60 FPS 指 GPU 每秒可以绘制 60 张不同的视图。GPU 的 FPS 会直接影响 VR/AR 体验。为了确保用户使用时不会头晕恶心，开发人员通常将移动设备中较小 GPU 的 FPS 调至 60，此时的舒适度虽然最低，但它是大多数小型 GPU 支持的最快速度。对 GPU 较大的计算机来说，开发人员可以很奢侈地将 FPS

调至 90 及以上，从而确保所有用户都拥有舒适的 VR/AR 体验。

戴上 VR/AR 头戴式设备（HMD：head-mounted display，即头戴式显示器）以后，每只眼睛都会接收到一张不同的图像，从而产生立体视觉，让用户能够感知深度与空间。传统的手机或计算机每次只需要在屏幕上显示一张图片，而 HMD 必须每次显示两张不同的图片。正因如此，GPU 必须每一秒都绘制出同一场景的两个不同版本，此时的效率会减半。所以，为了让您拥有不错的 VR/AR 体验，GPU 的功能需要比之前强大一倍。由于人工智能行业不断取得进步——依赖于 GPU 进行大量运算，功能足够强大的 GPU 才便宜到让普通用户能够负担得起 VR/AR 体验。即使如此，在创建 VR/AR 内容时，我们还是要采取必要的措施来优化渲染渠道，以避免出现模拟器晕动症。

沉浸式内容

VR/AR 内容的两种主要形式为计算机图形和视频。计算机图形为计算机创建的视觉效果，而视频仅指 180° 半球体或 360° 球体中的录像，当您身处其中的时候可以环顾四周。接下来我们将探讨如何制作计算机图形和视频，以及它们的适用场景。

计算机图形内容

在计算机图形中，我们可以用一些术语来描述3D模型。网格（mesh）如同线雕，充当模型的框架。它由被称为“多边形”（polygon）的面组成。每个3D模型都有一个多边形总数，代表模型中多边形的数量。模型的多边形总数越大，细节越完善，GPU的工作强度也更大，这可能导致它以较低的FPS进行渲染。FPS降低将导致图像的滞后，从而引起模拟器晕动症。为了避免这一现象的发生，许多VR/AR艺术家采用低多边形风格，如图17-2所示，它使用的多边形数量就较少。这让GPU更容易进行渲染，而且最终图像颇为与众不同。最早的VR就在由线框立方体组成的低多边形环境中进行设置，看起来仿佛没有表面。

图17-2　使用低多边形艺术风格绘制的谷歌白日梦之家[1]

为了控制一个模型的外观，艺术家们会使用一些材料，它们

1　©2018 Google LLC，经许可使用。Google和Google标志是Google LLC的注册商标。

将线雕包裹起来，就像一层皮肤覆盖在线雕框架上。这些材料通常由一种或多种纹理和一个或多个着色器组成，纹理控制皮肤图案和颜色，着色器控制材料在屏幕上的显示方式。例如，反射着色器会反射模型发出的光。

如何制作 3D 模型

现在您已经了解了网格、多边形和构成 3D 模型的材料，接下来我们将进一步探索创建 3D 模型的两种常用方法。

我们要研究的第一种方法是手动创建 3D 模型。3D 艺术家使用非常复杂的 3D 建模软件手动排列 3D 空间中的多边形，他们还可以手动创建能够改变网格外观的材料、纹理和着色器。这是一个非常费力的过程，需要专业知识的参与，还需要重视细节。而且，要想优化 VR/AR 模型，3D 艺术家还需特别注意多边形总数。

使用摄影测量法创建 3D 模型

我们可以使用摄影测量法（photogrammetry）来创建 3D 模型。您可以从多个不同的角度对目标物体（如雕塑）进行拍照，然后使用摄影测量软件推断该物体的形状。对现实世界中很多物体建模，要么耗费时间太长，要么无法达到理想的精细程度，此时，摄影测量法就很有用，它创建的模型就包括这些物体的很多细节。

动画简介

模型建好以后，您可能还想对其进行动画处理，毕竟，动态的小狗比静态的小狗有趣多了！大多数动画软件都使用关键帧（keyframe），即模型移动前后所处的位置。例如，如果您想要挥舞手臂，可以为手臂设置一个关键帧，让其向右移动，然后可以设置一个关键帧，让手臂向左移动。动画软件知道如何让手臂从第一个关键帧（右侧）移到第二个关键帧（左侧），因此手臂也会从右向左移动，看起来就像在挥舞。有些模型的运动很复杂，对其进行动画处理尤其困难。

使用容积捕获技术对 3D 模型进行动画处理

我们还可以用容积捕获（Volumetric Capture）技术来代替动画处理，前者可以说是摄影测量法的动态版本，它通常使用 100 多台相机同时拍摄照片，这样就能处理移动的人和物体，从而创建一种“3D 视频”。容积捕获可以很好地记录预先确定的次序，如舞蹈步骤。

沉浸式视频

沉浸式视频内容是 VR/AR 内容的另一种呈现。VR/AR 视频和普通视频非常相似，但是在 VR/AR 视频中您可以环顾四周，脑补自己被全景照片包围的画面。此类照片通常由 360° 摄像头或 360° 拍摄设备拍摄并拼接起来。拼接（stitching）指找到不同图片的重叠部分并将其按序排列好，使拼好的图片看起来就像一张图片。沉浸式视频对新闻行业十分重要，因为它能够将人们带到世界的各个角落，让人们走进他人生活的地方。但是，它对探险的用处不大，因为用户只能看并不能移动。

我们已经了解了 VR/AR 内容，接下来就来看看硬件是如何让我们能够四处环顾和走动的吧。

硬　件

VR 和 AR 在很大程度上取决于硬件体验。除了 HMD，VR 和 AR 还使用追踪系统，可能还包含其他硬件组件，如手动控制器。最需要了解的是追踪（tracking），即硬件如何知道您的位置和您正在寻找什么地方。接下来我们将探讨不同类型的追踪，以及各种追踪对应的 VR/AR 系统。

追　踪

要想准确呈现 VR/AR 视图，计算机需要了解虚拟环境中您所在的位置和您看向的位置。这两个数据点定义了两种不同级别的追踪能力：三度自由和六度自由。

自由度

以调光器为例，如果它能够上下滑动，而且只能够上下滑动，那么该调光器就只有一个自由度（DOF：Degrees of Freedom）：它只能垂直移动。同样地，地球仪也有一个自由度，即它可以绕地轴旋转。现在，您可以在脑海里想一下《超级马里奥》这款游戏，马里奥可以左右跑，还可以上下跳，这就有两个自由度了。自由度是某个系统中在一定范围内可变的任意值。

VR/AR 具有三个自由度：纵摇（pitch）、垂摇（yaw）和横摇（roll）。抬头看天花板，低头看地面，纵摇指绕 x 轴旋转或前后旋转。向左看，向右看，垂摇指绕 y 轴旋转。旋转头部将耳朵贴向肩膀，横摇指绕 z 轴旋转。这三个自由度组成了 VR/AR 中的三度自由，三度自由的 VR/AR 可以根据您所看的位置改变视图。所以，即使您在向前走，看起来还是仿佛站在原地，但是您可以随心所欲地转头看。因此，大多数三度自由体验并不希望您四处走动，只需要环顾四周，您可以认为它是“转椅 XR”。

但是如果使用六度自由，您就可以解锁另外三个自由度，即沿 x 轴、y 轴和 z 轴的移动。换句话说，除了在原地转动，您还可以前进、后退、左右移动。六度自由的 VR/AR 可以根据您所看的位置和您所处的位置来改变视图，我们称其为“漫游 XR”。

更具体地说，三度自由和六度自由描述了特定硬件组件的功能。例如，三度自由手动控制器和激光笔一样可以指向不同的方向，但是它无法跟踪您握激光笔的手的位置。但是，六度自由手动控制器可以精确地跟踪所指的方向和手的位置。

那么，计算机如何知道您所看的位置和您所处的位置呢？要想知道前者并不难。手机和 VR/AR 头戴式设备中的陀螺仪可以分辨设备的定位。但是，找到您所处的位置很难。

想象一下自己在漆黑一片的外太空中驾驶宇宙飞船，您如何知道自己身处何方？尤其是在自己不断移动的情况下。计算机在弄清楚我们在 3D 空间中所处的位置时，就像在黑暗中驾驶宇宙飞船。计算机没有眼睛，因此它们无法分辨设备的位置或判断设备是否在移动。所以我们只能待在黑暗中。但是，如果现在有光从远处传来，您就可以根据光源的位置弄清楚自己的位置。同样地，您如果可以看到前方的小行星，就可以据此判断自己正在朝何方移动。也就是说，如果计算机有参照物，它就可以据此知道自己的位置。计算机获取参照物的方式有两种，一种是外部参照物将有关自己所处位置的信号发送到计算机，这种追踪方式被称为“由外向内追踪技术”（outside-in tracking），另一种方式是计算机内部程序主动寻找外在环境中的参照物，这种追踪方式则被称为“由内向外追踪技术”（inside-out tracking）。

由外向内追踪技术 VS. 由内向外追踪技术

Oculus Rift 和 HTC Vive 这两款 HMD 就使用了由外向内追踪技术，它也是现在最常用的追踪方法。和上述例子中从远处传来的光一样，放在您桌子上或墙壁上的外部传感器相当于参照物。这些外部传感器将信号发送至设备内部的传感器来实现追踪，然后处理器会根据这些数据将设备的位置进行三角划分。由外向内追踪技术非常准确，但是需要将外部传感器安放在某个地方并进行设置，而且，它将空间限制在外部传感器所处的范围内。

设置传感器这个任务比较乏味，移动 VR 设备（计算机、传感器、HMD）的工作量也很大。而且，在有限的空间里使用 AR 头戴式设备毫无意义，毕竟它的强大之处在于能够提供有关这个广阔世界的信息。解决这一问题的方法便是将追踪系统放入头戴式耳机内部，我们称其为“由内向外追踪技术”。由于 HMD 使用内置摄像头和深度传感器来查看环境，然后根据周围的一切来计算自己的位置，所以不需要外部传感器。因此，宇宙飞船可以根据看到的行星来确定自己的相对位置，这个过程被称为“即时定位与地图构建”（SLAM：Simultaneous Localization and Mapping），现实世界中机器人和自动驾驶汽车也会用它来确定自己的位置。没有外部传感器，一切变得更加方便。由内向外追踪技术需要的线路和设置更少，让 VR 的使用更加便捷。此外，由内向外追踪技术对 AR 头戴式设备来说极为重要，因为它让这些设备能够在世界各地自由移动。

对 AR 来说，标识追踪（markered tracking）是使用特别广泛的一种追踪方式。顾名思义，标识追踪使用物理标记来辅助追踪。标记就是一种特定的图像，如印在卡片上的二维码。不过，标记可以是商标，甚至是图画。

设备上的相机可以识别此图案并在其上渲染出一个 3D 模型。标识追踪和六度自由体验很像，因为卡片上的图像可以在六度自由上移动，所以在卡片上渲染出的 3D 模型同样可以在六度自由上移动。但是，此时算法并不知道设备的位置，它只知道追踪到的标记位于何处。基于标记的追踪非常准确，但归根结底缺乏与周边环境相关的情景知识，这些知识能使未来的 AR 变得非常强大。鉴于不用标记和传感器也能进行追踪，如今大多数 AR 追踪都采用某种形式的即时定位与地图构建，这一点前文已经提到。但是，基于标记的追踪可以为使用受限（如在教室里）的用户提供较为流畅的用户体验。

VR 系统

我们已经了解了追踪的工作原理和种类，接下来将专门研究不同类型的 VR 系统。

智能手机 VR

智能手机驱动的 VR 是最为流行的一种 VR。智能手机 VR 通过渲染手机屏幕上的两张图片来实现目标，您可以通过放大镜进行查看，放大镜通常位于装有手机的 HMD 中。智能手机 VR 最常用于观看 360° 全景视频，它用手机中的陀螺仪进行三度自由追踪，其中，陀螺仪可以测量方向，这一点之前讲过，您应该还记得。最近，三度自由手动控制器也已应用于智能手机 VR，这一领域的热门产品有谷歌旗下的 Cardboard 和 Daydream，还有三星旗下的 GearVR。虽然智能手机 VR 用起来很方便，但用户体验无法和电脑端 VR 相提并论。

电脑端 VR

电脑端 VR 需要 GPU 功能强大的 Windows 计算机，而且计算机需连接至 VR 头戴式设备。电脑端 VR 有两种类型：束缚式（即头戴式设备与电脑端有线连接）和非束缚式（无线连接）。大部分 VR 游戏开发商也在忙着开发电脑端 VR 游戏。玩电脑端 VR 游戏是很棒的体验！游戏画面非常不错，因为有强大的计算能力和强制性外部传感器，GPU 更大，追踪也更加准确。VR 游乐场里的电脑端 VR 系统尤其多，很多大学也将其应用于研发。此外，电脑端 VR 是目前唯一拥有六度自由手动控制器的 VR 系统。最受欢迎的电脑端 VR 系统当数 Oculus Rift 和 HTC Vive。但是，使用电脑端 VR 的成本很高，因为您不仅需要一台计算机，还得配备功能强大的 GPU、性能完善的 HMD 和足够宽敞的空间。此外，携带电脑端 VR 也很困难，使用之前还得进行设置。为了让 VR 使用起来更方便，独立 VR 应运而生。

独立 VR

VR 硬件生态系统中的最新版本是独立 VR。它将所有硬件组件（包括屏幕、GPU 和处理器）都放置到了 HMD 中，这样就不需要外接手机或计算机。独立 VR 是目前市场上最紧凑、最便携、最划算的解决方案，它有三度自由和六度自由的独立 HMD。例如，Oculus Go 拥有一个三度自由 HMD 和一个三度自由控制器，HTC Vive Focus 拥有一个六度自由 HMD 和一个三度自由控制器。Oculus Quest 将于 2019 年晚些时候发布，它将是首款既有六度自由控制器，又有六度自由 HMD 的商用独立 VR。独立 VR 是 VR 走近消费者的重要一步，因为人们只需要购买一台设备就可以立即体验 VR。

AR 系统

和 VR 一样，AR 也有几种不同类型的系统。

六度自由 HMD

这些 HMD 能够在现实世界中显示虚拟物体的 3D 图像。您可以绕着物体走动，HMD 会使用由内向外追踪技术来获悉您的位置，然后调整这些数字物体的位置，仿佛它们真的存在于您所处的空间。这一领域的重要产品有微软 HoloLens、Meta 和 Magic Leap。

平视显示器

如果您知道钢铁侠能够看到些什么，这类 HMD 看到的东西与其十分相似。这些 HMD 将信息——通常指文本或基本图片——分层堆放至您眼前的世界中，但是不会对这些信息做渲染处理让其看起来像真实物体，相反，它们只需要展现在您的眼前。这种做法对产业工人十分有利，因为他们往往需要查看信息而没法空下手来拿手机或平板电脑。同理，需要了解速度信息的滑雪者或摩托车手也可以佩戴这种类型的 HMD，它们还有一个比较流行的名字——“智能眼镜”（smartglasses）。您很可能听说过的谷歌眼镜就是一种智能眼镜。

六度自由移动 AR

和移动 VR 并不相同，移动 AR 指基于手机的 AR。[1] 移动 AR 使用手机摄像头“读取”现实世界，让 3D 图像显示在您的手机屏幕上，如图 17-3。例如，宜家有一款应用程序，让您能够看到虚拟家具（如椅子）出现在自家客厅里的样子。移动 AR 使用六度自由无标识追踪，这样您就可以移动椅子，仿佛在移动一把真

1　英文中的 mobile 既可以指移动，也可以指移动手机，因此原文如此解释。——编者注

图 17-3　iPad 上的移动 VR 呈现的数字森林[1]

实存在的椅子。

移动 AR 依赖 AR 专用的增强型软件开发工具包。Vuforia 就是一个可用于图像检测、标识追踪等需求的大型软件包。对功能比较高级的 AR 来说，Vuforia 功能强大且适用，但是对功能比较低级的 AR 来说，苹果的 ARKit 和谷歌的 ARCore 更受欢迎，因为这两者只针对特定的硬件，能够很好地使用即时定位与地图构建进行六度自由的无标识由内向外追踪。

VR/AR 领域有很多不同的硬件系统，稍不留神就很容易弄混。但是，可以通过追踪方式来进行区分：三度自由（转椅 XR）与六度自由（漫游 XR），由外向内追踪（外部传感器）与由内向外追踪（即时定位与图形构建）。

1　图片来源：Patrick Schneider on Unsplash (https://unsplash.com/photos/87oz2SoV9Ug)。

虚拟的你

虚拟现实的优势之一就在于它能让您成为想要成为的人，您可以和 VR/AR 中的大量虚拟角色进行互动。我们将 VR/AR 呈现的人物称为“化身”（avatar）。尽管化身可以是任何事物，但大部分还是人形物，毕竟这样才可以准确地与现有的追踪系统进行对应，这些追踪系统使用六度自由对化身的头部和手部进行追踪。

此外，人们通常更愿意将自己描述为人形物，也更希望看到其他人呈现的是人形，我们称其为“虚拟人”（virtual humans）。VR/AR 中的化身可谓无处不在，这是因为当我们进入虚拟空间时，我们需要将自己呈现到处于同一虚拟空间的其他人面前。按照传播与媒体研究人员吉姆·布拉斯科维奇（Jim Blascovich）和杰里米·拜伦森（Jeremy Bailenson）的说法，虚拟人展现了不同类型的现实。

照片的现实性

当您看着镜子、高清视频或照片里的自己时，您看到的东西具备高度现实性，甚至看起来就像真实的人，也就是你自己。但是在 VR 和 AR 中，几乎没有这样如此具有真实感的化身，主要是因为有两个图形和一种叫作“恐怖谷”（uncanny valley）的现象。现代计算机的绘图能力惊人，让虚拟人越来越接近现实人。但是，VR/AR 头戴式设备的渲染成本仍然很高，因此大多数系统无法承受展现生动逼真细节带来的高昂费用。

而且，随着虚拟人和现实人的相似度越来越高，恐怖谷会带来不适感。恐怖谷的一侧是卡通虚拟人，而另一侧是和真人没有区别的虚拟人。通常来说，人们在谷两侧的时候感觉舒适，但是身处谷中央时——虚拟人看起来几乎像但不完全像真人时，人们会感到不适。2004 年上映的电影《极地特快》里那些让人毛骨悚然的角色就是一个很好的例子，他们让观众感到极大的不适。这种不适感源于我们的大脑总是想要识别不同的人。身处恐怖谷中央，我们的大脑无法判断看到的是否真实，这种感觉会让我们很不安。因此，人们通常不想见到真实感特别强烈的虚拟人。

大多数 VR/AR 体验，如 2016 年上线的游戏 Rec Room，都使用卡通虚拟人、非人类呈现形式或戴着头盔和口罩的人类呈现形式。好吧，您可能会问，如果化身看起来不像现实中的人，VR 和 AR 又有什么价值呢？事实上，照片的现实性并非“现实性”中最重要的一种，行为的现实性才在很大程度上影响我们对现实的理解。

行为的现实性

照片的现实性负责判断它看起来是否符合现实，而行为的现实性负责判断它的行为是否符合现实。即使化身看起来并不像真实的人，但如果它的行为表现很真实，您依然会将其视为真实的人。例如，您在和 Alexa 或 Siri 对话的时候，会使用很多与现实生活中的人对话才有的言谈举止。VR 在处理化身行为的现实性方面遇到的头号难题当数追踪。AR 和 VR 追踪系统在本质上非常相似，但是 VR 追踪的发展更进一步，所以我们将重点关注被 VR 追踪的化身。对大多数六度自由电脑端 VR 系统来说，您只能追踪头部和手部的六度自由。但是，您可能想要展示虚拟人的整个躯体，从而呈现一系列动作。您还可能希望肢体语言也能过关，化身走动的时候，肘部和腿部能够和在现实世界中一样自如移动。 从头部到手部再到整个身子的运动，人们采用了反向运动学（IK：Inverse Kinematics）。IK 算法利用头部和手部的位置来推断肘部和臀部的位置。行为的现实性还有很多问题需要解决，例如面部表情。说话时嘴巴能够正常开合、眼球运动生动逼真、手部活动的细节到位都是目前需要解决的问题。

元宇宙

我们已经能够很好地呈现自己了，接下来就来一起探索虚拟世界吧！ VR 和 AR 是非常强大的媒介，因为它们创造了一种“存在”（presence），用心理学术语来解释就是一种“身处其中”的感觉。那些经历“深度存在”的人在摘下耳机那一刻，会有一种极其强烈的迷失感，这是因为他们重新回到了自己的房间，而不是在某个城堡上与敌人作战。那么，营造具有这种存在感的虚拟环境需要哪些要素呢？

虚拟环境的组成要素很多。因为目前的 VR/AR 主要提供视听体验，所以我们接下来讨论的要素主要包括空间音频和虚拟环境所需的基本视觉元素，包括布景和天空盒。

空间音频

空间音频（spatial audio）指现实世界中声音呈现的方式。VR/AR 作为一种空间媒介，使用空间音频十分合适。在有空间音频的 VR/AR 中，当虚拟救护车从您身边快速驶过时，您会听到汽笛声由强转弱，渐渐消失。身处 VR/AR 中，如果您将右耳放在虚拟音箱上，右耳听到的音乐声会增大。空间音频复制人类在现实世界中感知声音的方式，有助于营造氛围，创造存在感。

布　景

布景（set dress）作为一个游戏开发术语被用于虚拟环境的设

计，它是让您的体验更加真实的一些小细节。它可以是 VR 桌子上那个虚拟的咖啡杯，也可以是您所处的 VR 客厅角落里那盆垂死的盆栽。这些小物品让整个虚拟环境更具个性和真实感。

天空盒

虚拟现实中有些虚拟环境位于室外，例如虚拟城市和虚拟森林。天空盒（skybox）实际上是可以决定 VR 中地平线和天空的样子的图像。这一名字来自以下事实：一个巨大的立方体包围着你，该立方体的六个面都有相应的贴图。最上方的那一面通常显示的是天空，四面墙为地平线，最下方的那一面显示的是地面，大多数人并不能看到地面，因为虚拟环境通常已经包含地面。天空盒并非总以盒子的形式呈现，它也可以是巨大的半球。

触觉与交互

当您的身体参与 VR/AR 体验时，“存在”的感觉会更加强烈。因此为了增加存在感，虚拟环境创建者应该将触觉和交互也融入虚拟环境中。

控制器

您的手部在虚拟环境中的感觉被称为“手部存在”。在 AR 环境中，您可以看到面前自己的手，所以此时“手部存在”不是什么大问题。但是，当您身处 VR 环境中时，设备会挡住视线，让您没法看到自己的手，从而形成一种手并不存在的错觉。VR 中的手部控制器让用户手持实体工具的同时还能获得一种心理上的“身体转移”（body transfer），以此来增加存在感。当一个人觉得自己拥有了并不属于自己的身体时，身体转移也就产生了。它能够增加存在感是因为如果您拥有了化身的身体，就可以让虚拟环境中的很多事情得以发生。而且您还有代理（agency），它指用户影响虚拟环境所需的控制量。例如，您可以设计一个这样的体验，让参与体验的用户将物体从桌子上敲下来。VR 中的环境交互与触觉反馈可以增强代理，从而提升存在感。

触觉反馈

触觉反馈（haptic feedback）指通过作用力、振动等一系列动作为使用者再现触感。用手机键盘打字会有震动感，您应该有过这种体验，这也是最为常见的触觉反馈。同样地，VR 中最常见的触觉反馈来自您触摸虚拟物体时控制器产生的震动。其他类型的触觉反馈还包括靠近虚拟火源的时候可以感受到温度（这是经过特殊编程处理的热风扇在往您的脸上吹热风），摸虚拟墙壁的时候有摸实体墙壁的感觉，通过特殊的触觉设备可以感受阻力。沉浸式媒体中的触觉交互可以唤起与体验相关的代理和联系，正如触摸可以唤起情感。您可以想象一下虚拟子弹击中您和虚拟拥抱的场景。

在 VR 中移动：运动

运动（locomotion）指虚拟环境中的移动行为。不幸的是，在撞到房间的墙壁或摸到连接计算机与 HMD 的数据线末端之前，您都不能移动超过 10 英尺。可是您探索的虚拟世界要远远大于 10 英尺，如果您无法在里面正常移动，又怎么能够进一步深入探索呢？ VR 中的移动方式其实有很多，但是人们还在不断尝试比较有创意的新方式，如瞬间移动（teleportation）运用手的运动和无限跑步机。最常见的运动方式就是瞬间移动。您只需要站在远处将控制器对准地面上的某个点，就可以瞬间出现在那里。

但是，瞬间移动会破坏“存在”。此外还有一些运动实验，如与攀登相关的运动。鉴于只有头部和手部参加 VR，许多人尝试让手部参加运动。例如，攀爬涉及用控制器抓住虚拟地面或墙壁，让自己能够在虚拟环境中运动。还有很多硬件参与的运动。

虽然硬件外围设备并非必选项，它们的存在还是可以提升 VR 体验。无限跑步机是一个很有趣的概念，在这种跑步机上，您可以站在一个固定的位置朝各个方向跑。运动硬件已经经过多次不同的迭代，目前有一款您可以穿着溜冰鞋在里面滑行的碗装赛道，还有一款允许您前后左右运动的跑步机，它能以不同的速率进行“对角”移动。

在 AR 中移动：AR 云

在 AR 中运动和在现实中一模一样，因为 AR 的虚拟环境也存在于现实世界中。此处的问题不在于您如何在空间中运动，而在于如何根据您的情况对空间进行渲染。假设您将虚拟杯子放在了桌子一角，您的朋友戴着 AR 眼镜从桌子旁边走过时如何才能看到这个杯子呢？她的 AR 眼镜必须判断出她和您在同一个房间，而且桌子也是您放虚拟杯子的那张桌子。要想在全世界范围内拥有无处不在的共享 AR，我们需要 AR 云，它是我们现实世界的一对一映射，实质上是地球上所有地点和空间的一个数字副本。AR 云需要追踪全部的 3D 空间数据、整个世界的 3D 网格和所有使用 AR 的用户及其位置以提供大规模的多用户体验。尽管实现这一点还有很长的路要走，但是它能让强大的数字层覆盖现实世界。与此同时，大规模多用户的 AR 体验无法精确锚定 3D 模型和无处不在的多人模式，这会限制 AR 的共享体验。

元宇宙（Metaverse）在不断发展，上述所有元素对创建强大的沉浸式体验十分重要。如果将来我们生存的世界中数字与现实的界限变得模糊，我们应该创建一个有益的混合世界。

结　论

现在是 2049 年，人人都戴着隐形眼镜，可以看到无处不在的经渲染处理的数字实体。您可以观看孩子的 360° 生日视频，还可以查看想要购买的新房子的 3D 模型。商店里，VR 中的虚拟人看起来完全真实，它们站在柜台后面，随时准备接受您的下单。您的朋友可以在世界各地留下只有您能看到的秘密信息。您还可以舒舒服服地在家办公或探望地球另一端的亲人。

VR 和 AR 将长期存在于我们的世界中。尽管沉浸式媒体包含很多术语和概念，本章只涉及了 VR 和 AR 中需要了解的所有相关知识。我们讨论了 3D 体验，它们由 GPU 进行渲染，通过立体视觉进行感知。我们还将视频与 3D 计算机图形模型进行了比较，前者能够反映现实世界，后者形成新的虚拟世界。此外，我们还了解了三度自由转椅体验和六度自由漫游体验，讨论了现存的各种沉浸式系统，例如独立 VR/AR。我们还介绍了化身，分析了虚拟人设计中照片的现实性与行为的现实性之间的区别。最后，我们探讨了 VR/AR 的环境与交互，了解了很多能够增强“存在”的方法。您的知识储备已经十分丰富，可以自信地谈论沉浸式媒体，探讨它将如何成为下一代的人机交互。现在，您已完全沉浸其中！

图书在版编目（CIP）数据

畅聊科技：写给大众的信息技术小史：第2版 / (美) 维奈·特里维迪著；王佩译. -- 北京：北京联合出版公司, 2022.8

ISBN 978-7-5596-6286-6

Ⅰ. ①畅… Ⅱ. ①维… ②王… Ⅲ. ①信息技术－技术史－世界 Ⅳ. ①G202-091

中国版本图书馆CIP数据核字(2022)第122929号

First published in English under the title
How to Speak Tech: The Non-Techies's Guide to Key Technology Concepts
by Vinay Trivedi, edition: 2

畅聊科技：写给大众的信息技术小史（第 2 版）

著　　者：[美] 维奈·特里维迪
译　　者：王　佩
出 品 人：赵红仕
选题策划：银杏树下
出版统筹：吴兴元
编辑统筹：郝明慧
特约编辑：荣艺杰
责任编辑：管　文
营销推广：ONEBOOK
装帧制造：墨白空间·张萌

北京联合出版公司出版
（北京市西城区德外大街 83 号楼 9 层　100088）
后浪出版咨询（北京）有限责任公司发行
天津中印联印务有限公司　新华书店经销
字数 172 千字　787 毫米 × 1092 毫米　1/32　9.125 印张
2022 年 8 月第 1 版　2022 年 8 月第 1 次印刷
ISBN 978-7-5596-6286-6
定价：45. 00 元